U0912512

爱国主义青春读本

总主编/成 进 副总主编/周 远 李 重

英雄主义

主　编 周 远
副主编 顾 蓉 张 丹
编　者 马 勇 马 瑞 马潇雅 王 楠
包 凯 吕 茵 李开贤 吴发灿
侣军燕 陈 波 岳娅萍 顾 蓉
姬姣姣 雷玉晗 魏 波（女）
魏 波（男）

西安交通大学出版社
XI'AN JIAOTONG UNIVERSITY PRESS

图书在版编目 (CIP) 数据

英雄主义 / 周远主编．—西安：西安交通大学出版社，2020.9（2022.6 重印）

（爱国主义青春读本）

ISBN 978-7-5693-1663-6

Ⅰ. ①英… Ⅱ．①周… Ⅲ．①高等学校—思想政治教育—研究—中国 Ⅳ．① G641

中国版本图书馆 CIP 数据核字（2020）第 062603 号

书　　名 英雄主义
主　　编 周　远
责任编辑 李嫣彧　侯君英

出版发行 西安交通大学出版社
（西安市兴庆南路 1 号　邮政编码 710048）
网　　址 http://www.xjtupress.com
电　　话 （029）82668357　82667874（市场营销中心）
（029）82668315（总编办）
传　　真 （029）82668280
印　　刷 永清县晔盛亚胶印有限公司

开　　本 710 mm × 1000 mm　1/16　**印张** 9.5　**字数** 93 千字
版次印次 2020 年 9 月第 1 版　2022 年 6 月第 2 次印刷
书　　号 ISBN 978-7-5693-1663-6
定　　价 45.00 元

如发现印装质量有问题，请与本社市场营销中心联系调换 。
订购热线：（029）82665248　（029）82667874
投稿热线：（029）82668525
读者信箱：xjtu_rw@163.com

版权所有　侵权必究

《爱国主义青春读本》编委会

总 主 编： 成　进

副总主编： 周　远　李　重

编　　委：（以姓氏笔画为序）

牛宏杰　孙　丹　纪梦然　张　丹

邱　辰　李新安　段继超　姚　斌

顾　蓉　梁　辉　程洪莉　谢霞宇

总序

“一代人有一代人的使命，一代人有一代人的担当。”今天的青年是同新时代共同前进的一代，是见证中华民族腾飞的一代，是亲历世界百年未有之大变局的一代。

习近平总书记指出：广大青年既拥有广阔发展空间，也承载着伟大的时代使命。青年是国家的希望、民族的未来。青年有理想、有担当，国家才有前途、有希望。只有青年绽放青春梦想、锻造出彩人生，实现中华民族伟大复兴的中国梦才有源源不断的青春力量。

一个国家、一个民族，没有精神力量不行。广大青年要高扬爱国主义、集体主义、英雄主义、乐观主义旗帜，不断激发蓬勃发展的内在动力。

爱国主义是一面奋发图强的旗帜。爱国，是人世间最深沉、最持久的情感。爱国是青年人理所当然的价值追求，强大的国家是每一个中华儿女前进的坚实后盾和巨大力量。我们要增强对中国特色社会主义道路、制度、理论、文化的认同，坚定走中国特色社会主义道路。青年人要树立与时代主题同心同向的理想信念，勇于担当这个时代赋予的重任。立志干大事，而不是求大名、图大利；立志为国家、为人民、为社会多作贡献，而不是只顾个人、只顾小家。有了高远的志向，人生就有了正确的航向，努力就有了积极的意义。

集体主义是一面凝心聚力的旗帜。集体是我们每个人无法逾越的生存地平线。没有个体当然就不存在群体，但是人类如果没有群体的观念，没有相互的合作和共同的认识，个体的人就无法生存下去。时代的建设者和奋斗者是集体，班级和团队也是集体。集体是什么色彩，我们身上就会折射什么光斑。青年从事业起步起，就要学会尊重别人、理解别人、帮助别人，学会待人真诚、为人守信、与人为善。青年人只有把个人的价值融入集体，才能真正成就自我，只有无数年轻人携起手来，才能让青春迸发出更夺目的光彩，在时代进步中谱写更辉煌的乐章。

英雄主义是一面担当使命的旗帜。有了英雄的引导和鼓舞，我们就敢于克服任何困难，在攻克学习难关和科技难题中取得意料不到的成果。青年要敢扛责任，不怕失败，勇于创新创业。今天，我们弘扬革命英雄主义精神，不是要广大青年像战争年代英雄那样炸碉堡、堵枪眼，而是要以爱国情怀强化历史责任，以民族气节滋养浩然正气，以英雄气概砥砺血性胆识，以必胜信念坚定奋斗意志，接力推进先烈们为之拼搏献身的伟大事业，争当新时代的英雄。

乐观主义是一面积极向上的旗帜。乐观是中华民族的精神底色。乐观主义来自对规律的把握，来自正确看待现在和未来，来自正确看待问题和挑战。有了乐观主义情怀，所有的困难都可能变成机遇，所有的等待都可能变成创造，所有的矛盾都可能在微笑中得到化解，所有的努力都会在未来与收获相逢。乐观不是空头口号，其源自对人生价值实现的积极认知，成熟于知其难而不畏其难的勇敢实践。广大青年应以乐观心态感悟人性光辉，激励前行意志，做一个情趣高尚的新时代青年。让青春成为乐观主义的代名词。

“天下者，我们的天下；国家者，我们的国家；社会者，我们的社会。我们不说，谁说？我们不干，谁干？”一百年前，毛泽东在《湘江评论》中的发问，至今仍然振聋发聩。不负韶华、勇挑重担，高擎爱国主义、集体主义、英雄主义、乐观主义旗帜的中国青年，必将在奋进新时代的征程上唱响更加嘹亮的青春之歌！

本书编委会

2020 年 4 月

目录

高举英雄主义旗帜，勇做时代先锋

一个有希望的民族不能没有英雄，一个有前途的国家不能没有先锋。英雄是国家历史的重要体现，也是民族精神的重要来源。习近平总书记在中华人民共和国国家勋章和国家荣誉称号颁授仪式上强调“崇尚英雄才会产生英雄，争做英雄才能英雄辈出”。身处实现中华民族伟大复兴的光辉时代，这是一个“做大事”“成大业”的时代，这更是一个“立大志”“出英雄”的时代。

一、在历史洪流中铸就英雄本色

今天我们所倡导的“英雄主义”是一种主流思想，一种精神格调，一种民族性格。它既继承了中华优秀传统文化的基因，又是在近代以来中华民族寻求富强复兴的过程中所凝结和提炼出来的。《周易》“天行健，君子以自强不息”的刚健，孔子“知其不可为而为之”的悲壮，孟子“虽千万人吾往矣”的雄强，屈原“亦余心之所善兮，虽九死其犹未悔”的笃定，陆游“位卑未敢忘忧国”的缱绻，文天祥“人生自古谁无死”的慷慨，都为英雄主义注入了源远流长的文化底蕴。

近代以来，每遇国家倾覆、民族危亡的时刻，仁人志士们没有畏怯退缩。他们抛头颅，洒热血，为了建立一个更为强大的国家和一种更为合理的制度，为了寻求一个更为兴盛的中华民族和一种更为光明的人类未来，付出了无数的血汗，进行了前无古人的摸索和创造。这种英雄主义是国家和民族奋发向上的精神源泉。

同样，对于一所大学而言，只有理解英雄、尊重英雄、崇尚英雄才可铸就起这所大学的精神图腾，砥砺我们不断前行。交通大学，作为中国人最早创办的两所高等学府之一，诞生于甲午海战的弥漫硝烟中，担救亡图存、储才兴学之责，孕育出大批栋梁之才，也淬炼出国之英雄与楷模。星火燎原的革命时期，交大学子、共产党人李大钊民主思想的启蒙者白毓昆，在武昌起义爆发后出任北方革命军参谋长，组织领导了被誉为“北方辛亥革命”的滦州起义，得有“辛亥光复，发轫于武昌，而滦州一役实促其成”

的高度评价。邹韬奋，高擎抗日救国的光辉旗帜，以手中之笔，力主正义舆论，抨击黑暗势力，直至生命的最后一刻。他被评为一百位“为新中国成立作出突出贡献的英雄模范”之一。毛泽东曾题挽词：“热爱人民，真诚地为人民服务，鞠躬尽瘁，死而后已，这就是邹韬奋先生的精神，这就是他之所以感动人的地方。”穆汉祥、史霄雯，两个青春热血的生命，为反抗反动政府的统治，牺牲在新中国成立的前夕。全校师生悲恸万分，建造“史穆二烈士纪念碑”，陈毅手书碑文：“为人民利益而光荣就义是值得永远怀念的！”

回望历史，革命先烈和英雄们以身许国的壮志、造福大众的情怀、舍己为人的抉择，不仅挺起了一个民族的精神脊梁，也树立了一个社会的价值标杆，在为中华民族复兴的光辉史册上，永远镌刻着他们熠熠生辉的英名。

二、在建功立业中彰显英雄情怀

英雄主义是国家和民族发展的血脉基因。英雄文化绵延不绝，英雄人物辈出不穷，英雄史诗代有相传，英雄精神传承光大，这是中华民族生存发展、兴旺发达之魂。中华民族的英雄谱中，既有运筹帷幄、叱咤风云的治国精英，有马革裹尸、英勇杀敌的爱国将士，也有挺身而出、舍生取义的仁人志士。在和平发展时期，那些勤劳勇敢、自强不息的人民群众同样也能成为英雄。作家伏契克在《论英雄与英雄主义》中说：“英雄，就是这样一个人，他在决定性关头做了为人类社会的利益所需要做的事。”沧海横流，方显英雄本色。整整一部新中国的历史，就是一部无数英雄开天辟地，砥砺前行创造伟业的历史。

在激情燃烧的社会主义建设时期，一批留学海外的交大学子，冲破重重阻力，回国投身于如火如荼的国家建设事业中。他们中有中国火箭、导弹、航天事业的奠基人、运筹者钱学森，用一生的时间诠释了科学家的爱国之心、求真之志、奉献之情；有“两弹一星”功勋奖章获得者杨嘉墀，为了祖国的国防事业，隐姓埋名，默默奉献，甘当无名英雄；有“人民科学家”国家荣誉称号获得者吴文俊，对数学的核心领域研究作出重大贡献，开创了数学机械化新领域，对国际数学与人工智能研究影响深远；有被称作“战士、博士、院士”的“三士”科学家罗沛霖，为我国电子科技和电子工业的建设与发展作出了卓越贡献。

20 世纪 50 年代，已在黄浦江畔生长六十年的交通大学，响应党中央的号召，在实现国家工业化的战略布局下，主体内迁西安。这是新生的中华人民共和国为实现工业建设、文化发展、高等学校合理布局所需，在知识界进行的一次开创未来的伟大行军，也是社会主义制度下，党的意志、国家战略、大学使命、人民愿望、个人选择实现有机统一的集中体现。带着“向科学进军、建设大西北”的重任和使命，交大“西迁人”完成了新中国高等教育史上绝无仅有的大迁徙，谱写了人才开发西部的壮丽诗篇。“西迁人”将个人前途与国家命运紧密相连，为祖国的繁荣富强奉献出自己的美好年华，用坚实的臂膀扛起时代赋予的重任，用爱国奋斗的实际行动，铸就起一座永恒的精神丰碑。他们是“最美奋斗者”，是值得全社会敬仰和学习的英雄楷模。

“胸怀大局、无私奉献、弘扬传统、艰苦创业”的西迁精神，激励着广大知识分子在实现中华民族伟大复兴的宏图伟业中砥砺奋进，在平凡的岗位上作出不平凡的业绩。

三、在时代前行中传承英雄力量

英雄主义是激发担当意识、坚持不懈奋斗的内生力量。英雄是进步价值观的杰出代表，是时代的精神坐标。黑格尔说：“我们应当把世界历史人物（一个时代的英雄）认作是这个时代眼光犀利的人物。他们的行动、他们的言辞都是这个时代最卓越的行动、言辞。”但凡英雄，既以英雄壮举在艰难时刻勇当开路先锋、在危急关头成为中流砥柱，更以英雄精神引领方向、振奋人心、鼓舞士气、凝聚力量。这些精神是人类向上向善的动力，是文明发展不可或缺的基因。孟庆集老师在面对国有企业运用引进的外商设备屡发断裂事故，却被外商以“操作失误”为由拒绝赔偿的困局时，勇担技术主谈人，用大量的精准测算和数据事实证明了外商设备存有“设计缺陷”，并非我方“操作失误”，为企业挽回重大经济损失，也为国家赢得了荣誉。为此，《人民日报》连发两篇社论，将其树立为新时期以真才实学建“四化”的知识分子典型。又如俞茂宏教授甘坐冷板凳半个世纪，独创统一强度理论。在双眼几近失明的情况下，仍笔耕不辍，编著力学巨著，在基础理论研究中贡献中国智慧。他说，“我已 85 岁，有人劝我保护眼睛重要，但我之所以坚持完成这些著作，就是要把我头脑中已经有的研究结果贡献给交大，贡献给国家。”执着，就是英雄模范们在党和人民最需要的地方冲锋陷阵、顽强拼搏，几十年如一日埋头苦干，为国为民奉献的志向坚定不移，对事业的坚守无怨无悔，为民族复兴拼搏奋斗的赤子之心始终不改。岁月冲刷下，他们的历史功勋放射出耀眼光芒；时代变迁中，英雄主义彰显着永恒的价值。

在这些英雄模范身上，生动体现了中华民族的精神，体现了一所大学的价值追求，丰富了西迁精神的新内涵，成为我们闪亮的精神坐标，如红日喷薄而出，给予后继者淬火的力量。

昂扬奋进的新时代，西安交大人不忘前人的初心使命，秉承老一辈知识分子奉献报国的使命担当，扎根中国大地，争创世界一流，争做西迁精神新传人。在长期的人才培养实践中，西安交大始终坚持高扬“爱国主义、集体主义、英雄主义、乐观主义”旗帜。其中，高扬英雄主义旗帜，就是要培养勇于创新创造的品质，树立在继承前人基础上超越前人的雄心壮志，担当社会责任，解决困难问题，不光要有理想，还要做实干者，追求工作目标和工作指标的“微纳尺度”，为了创新创造而百折不挠、勇往直前，做一个敢于担当的人。

“致天下之治者在人才，成天下之才者在教化。”在交通大学波澜壮阔的办学历史中，既有为民族舍生取义的爱国将士，又有为国家运筹帷幄的治国精英；既有埋头案牍间、述学立论的潜心学者，又有护国之重器、矢志创新创造的英雄楷模……这些英雄的人物，这些英雄的事迹，这些英雄的精神，这些英雄的情怀，终将积淀为英雄主义的底色和基因。

一切伟大成就都是接续奋斗的结果，一切伟大事业都需要在继往开来中推进。“西迁人”以对党和人民的忠诚，以对事业的执着追求，以朴实而坚定的奋斗，筚路蓝缕、攻坚克难，创造出无愧于时代的光辉业绩。今天，我们要传承好西迁精神，就是让身边的英雄人和英雄事去引导和鼓舞广大师生，激发起沉潜心底的潜能，使之敢于扛起时代赋予的责任，敢于克服任何困难，忠诚执着，朴实坚定，不惧怕失败，勇于创新创业，用自己勇敢的表现争做时代的英雄，人民的英雄。

大无畏的禁毒英雄

——林则徐

苟利国家生死以，岂因祸福避趋之。

“唯有民魂是值得宝贵的，唯有他发扬起来，中国才有真进步。”民魂就是国家的灵魂，是千千万万英雄的缩影。千百年来，从忧国忧民“上下而求索”的屈原，到“匈奴未灭，何以家为”的霍去病；从“精忠报国”的岳飞，到“留取丹心照汗青”的文天祥；从义勇从军、以身殉国的邓世昌，到振兴中华的革命先驱孙中山；从“横眉冷对千夫指，俯首甘为孺子牛”的鲁迅，到“为有牺牲多壮志，敢教日月换新天”的毛泽东；从“宁可少活二十年，也要拿下大油田”的王进喜，到“我是人民的儿子”的邓小平，这些英雄人物都为中国的进步作出了巨大贡献。

清朝末年，江河日下，西方列强迅速崛起，对清封建王朝进行侵略，清庭割地赔款，丧权辱国，中华民族面临最严峻的生存危机。林则徐领导的禁烟运动在近代中国人民反抗外来侵略的篇章中彰显了民族大义，书写了浓墨重彩的一笔。

1785年，林则徐出生在福建侯官，父亲是一名教书先生，由于家里人口众多，有时连一日三餐都无以为继，所以小小年纪的林则徐就边上学，边把母亲和姐妹们做的女红带到店铺寄卖，放学的时候再到店铺里拿钱回家交给母亲。虽然家里条件拮据，但他们一家十三口并没有因此而沮丧，反而十分温馨幸福，这为他之后“知足常乐”的家风奠定了基础。

尽管家境寒苦，但林则徐的父亲却十分注重教育。林则徐四岁时，父亲林宾日已将他携入塾中，教以识字。七岁，他已经熟练掌握文体，在当时来说是非常罕见的事。林则徐八九岁时，就在学堂上写出了“海到无边天作岸，山登绝顶我为峰”的诗句，震惊四座。他在书塾常常以佳作得到奖金。十二岁时林则徐考入鳌峰书院，跟着大教育家郑光策学习。贫苦的童年和严格的家教，也使林则徐升至高官后仍能一直保持着清俭的习惯和察民疾苦的作风。

1811 年，26 岁的林则徐赴京会考，殿试高居二甲第四名，从此走上了为官之路。

清朝闭关锁国的时候，英国率先完成了工业革命，生产力迅速发展。而中国有庞大的人口资源，正是他们的潜在市场，所以英国发起了贸易入侵，毒贩如蝇群而来。除了英国，美国也从土耳其向中国输入鸦片，俄国从中亚向中国北方输入鸦片。时任湖广总督的林则徐见此情景，向道光帝上书，指出了鸦片的种种危害。道光十八年十一月十五日（1838 年 12 月 31 日），林则徐被任命为钦差大臣关防。与此同时，道光帝下令全国禁烟。1839 年 3 月 10 日，林则徐正式抵粤，受九响礼炮之礼。到任后，林则徐在给外国烟商的通知中说："若鸦片一日未绝，本大臣一日不回！"1839 年 6 月 3 日，林则徐下令在虎门海滩当众销毁鸦片，至 6 月 25 日结束，共历时 23 天，销毁鸦片 19187 箱和 2119 袋，总重量 2376254 斤。仅仅三个月，林则徐主导了虎门销烟，遏制了鸦片在中国的泛滥，在民间产生了巨大的积极影响。这次禁烟运动大大增强了中国广大民众对鸦片危害性的认识，也唤醒了中国人民的爱国意识。虎门销烟从很大程度上推动了中国近代史的发展，而作为虎门销烟主要的发动者，林则徐用大无畏的英雄主义精神，义无反顾地投入抵抗侵略的最前沿，拉开了抵御侵略的大幕。

林则徐组织编译了许多外国文献和法律，又先后做了治理水利、安定陕西、关注新疆边防等利国利民的好事，他的一生，令人敬佩，焕发着英雄主义的光芒。

林则徐用心谋求兴国之道，是一位具有世界眼光的思想家，是中国近代启蒙思想的先驱者。他十分注意了解和研究外部世界，主张学习西方进步的自然科学与实用技术。我国著名历史学家范文澜先生评价林则徐是中国近代“开眼看世界的第一人”。

林则徐是一位带头反抗西方殖民主义侵略的民族英雄，是言行一致的爱国者。他领导的禁烟斗争，向世界表明了中国人民对鸦片烟毒的深恶痛绝和反抗外国侵略的坚强决心，表明中华民族是一个酷爱自由、不畏强暴的民族，也拉开了中国近代民主革命的序幕。

林则徐还是一位不避风险、以身许国的政治家，不但在侵略者面前表现出大无畏的英雄气概，英勇地捍卫国家主权和民族尊严，而且在遭受国内政敌陷害打击的时候，仍然始终坚持爱国理念，从不动摇，诠释了什么是英雄的本色！

平凡的人之所以平凡，是因为他们具有平民大众一般的特征，不虚饰也不崇高；英雄之所以被称为英雄，是因为他们无私忘我，不辞艰险，为人民利益而英勇奋斗，令人敬佩！在国家日益强盛的今天，很多人认为我们不再需要英雄，可是他们忽略了一点，我们的国家之所以能独立自主、傲立于世界民族之林，不再受人欺辱，正是因为有无数有名或者无名的英雄在默默奉献。让我们学习英雄，向他们致以崇高的敬意，并牢记英雄、铭记历史，大步前行。

人物简介：

林则徐（1785年8月30日—1850年11月22日），福建省侯官人，字元抚，又字少穆、石麟，晚号俟村老人、俟村退叟、七十二峰退叟、瓶泉居士、栎社散人等，是清朝时期的政治家、思想家和诗人，官至一品，曾任湖广总督、陕甘总督和云贵总督，两次被任命为钦差大臣。因其主张严禁鸦片，在中国有民族英雄之誉。

知识链接：

1839年，林则徐于广东禁烟时，派人明察暗访，要求外国鸦片商人交出鸦片，并将没收鸦片于1839年6月3日在虎门销毁，史称"虎门销烟"。虎门销烟唤醒了当时中国的爱国人士，也大大抑制了英国在中国的鸦片交易和贸易掠夺，但并未有效地解救当时的中国。尽管林则徐一生力抗西方入侵，但对于西方的文化、科技和贸易则持开放态度，主张学其优而用之。根据文献记载，他至少略通英、葡两种外语，且着力翻译西方报刊和书籍。

救亡图强的实干英雄

——黄兴

名不必自我成，功不必自我立，其次亦功成而不居。

中华民族上下五千年，诞生了无数有着高尚情操与坚贞不屈气节的民族英雄，他们抛头颅、洒热血，用生命和鲜血捍卫着国家安全和民族尊严，这是数千年来支撑中华民族生生不息、弱而复强、衰而复兴的灵魂和脊梁。千百年来，有霍去病“匈奴未灭，何以家为”的豪气，有岳飞“壮志饥餐胡虏肉，笑谈渴饮匈奴血”的壮阔，有文天祥“人生自古谁无死？留取丹心照汗青”的忠贞，有龚自珍“我劝天公重抖擞，不拘一格降人才”的悲叹，

也有黄兴“名不必自我成，功不必自我立，其次亦功成而不居”的英雄风骨。

鸦片战争后，中国进入了半殖民地半封建社会。一系列不平等条约的订立，使中国领土和主权遭到破坏，并丧失了政治上的独立地位。中华民族到了最危险的时刻，许多英勇之士挺身而出，救亡图存。孙中山与黄兴领导的辛亥革命在近代中国人民民主革命中书写了浓墨重彩的一笔，推翻了统治中国几千年的君主专制制度，在思想上给中国人民带来了解放作用，以巨大的震撼力和影响力推动了中国社会变革。黄兴作为辛亥革命的领导者之一，是杰出的民主革命家、实践家，他在其短暂的革命生涯中为中国民主革命作出了不可磨灭的贡献。

黄兴出生在长沙市郊的一个名门望族，宗族中世代都有出仕者。他的父亲黄筱村是一名秀才。幼年时，他就受到了明末清初大儒王夫之的影响与熏陶，黄兴的远祖曾传下遗训：永不出仕清朝。但其大多数家族成员仍是饱学鸿儒。这样的家庭背景为黄兴日后“名不必自我成，功不必自我立，其次亦功成而不居”的儒士之风奠定了思想基础。

黄兴 19 岁入读长沙的城南书院，三年后考中秀才，考中秀才两年后被保送至武昌两湖书院进行深造。武昌两湖书院在当时是一所比较新式的学堂，课程除了传统私塾的经史文学外，还有测量、天文、地理、算学、化学、博物学等新学科。黄兴在校期间，“笃志向学，而于地理一科及体操尤为精勤”。黄兴勤奋刻苦，还自己研读了孟德斯鸠、卢梭等思想家的政治理论译著，如《民约论》等与西方资产阶级革命历史有关的著作，初步接触和认知资产阶级革命和民主的思想。

1902年春，经过两次鸦片战争的失败，以及太平天国的打击，清廷内外交困。清廷的一部分官员开始认识到西方坚船利炮的威力，洋务运动如火如荼地开展，洋务运动的中坚人物湖广总督张之洞从两湖、经心、江汉三书院选派学生30多人，赴日本东京宏文学院速成师范科留学。黄兴这位两湖书院的优秀毕业生，成为这批留学生中唯一的湘籍学生。

1902年6月，黄兴抵达日本东京，很快就被留学生界蓬勃兴起的资产阶级民主革命思潮所吸引，他的民主革命思想进一步深化，并落实到行动。他与杨笃生、樊锥、蔡锷等创办了《游学译编》杂志，以翻译为主，介绍西方资产阶级的社会、政治学说和革命历史，宣传民主革命和民族独立。黄兴为扩大影响，又与蔡锷、张孝准、杨笃生等发起组织“湖南编译社”，大量从事译述、介绍西方资产阶级科学文化。一年后，为抗议沙皇俄国侵占中国东北，黄兴与同学二百余人组织拒俄义勇队。他回国后创立华兴会，这一以知识分子为主要成员的中国近代资产阶级革命团体，是国内第一个反清革命团体。众人公举黄兴为会长，在黄兴的领导下，华兴会发展迅速。

1905年8月，黄兴与孙中山合作成立中国同盟会，并被选为庶务，成为同盟会中仅次于孙中山的重要领袖。中国同盟会加强了革命力量的团结和统一，使中国资产阶级民主革命进入一个崭新的阶段。中国同盟会成立前后，也正是黄兴民主革命思想从发展到成熟的阶段。黄兴将主要精力放在了组织武装起义上。从 1906 年起至武昌起义为止，黄兴直接领导和指挥了一系列起义，屡败屡战，坚持不懈，英勇奋战，在武装推翻清朝统治的斗争中起到了重要的作用，为创建民国建立了不朽的功勋。

黄兴曾指挥领导了两广起义、钦廉上思起义、广州新军起义、广州起义等等。1911 年 4 月震惊全国的广州黄花岗起义，是由黄兴统筹领导的一次重要起义。由黄兴率领的百余人敢死队猛攻两广总督衙门，许多革命党人英勇牺牲，后收殓殉难者，得尸体七十二具，合葬在黄花岗，世称“黄花岗七十二烈士”，至今黄花岗七十二烈士仍然受到人们的瞻仰。也因为此次起义，黄兴右手受伤，断去两指。这次起义虽然失败了，但它在全国起到激励人心的作用，显示出黄兴等革命党人救亡图强的爱国主义情怀和革命民主主义思想的光辉。

黄花岗起义失败之后，革命党人的意志未尝松懈，在孙黄领导下，革命党人进一步总结经验教训，再图起事。这些起义激励了革命党人，积累了革命经验，沉重地打击了清朝反动统治，震撼了国人的心，激励了广大群众的革命热情，唤起了人民的斗争觉醒，直接促成了全国革命高潮的到来。1911 年 10 月 10 日，武昌起义爆发，黄兴不顾病重于 28 日赶到武汉，作为革命军战时总司令，指挥战斗。在武昌起义中黄兴督战武汉，为保卫革命胜利作出重大贡献。辛亥革命的成功，迎来了封建专制制度的终结、清朝反动统治的灭亡、中华民国的诞生。

“古人却向书中见，男儿要为天下奇”是黄兴的革命宣言，是他的人生理想，也是他这一生英雄胆魄的真实写照。在近代的战火中，黄兴以救亡图存为己任，为了中华民族复兴呕心沥血。当黄兴为中华民族而鞠躬尽瘁、英年早逝后，蔡锷十分悲痛地写下挽联，“以勇健开国，而宁静持身，贯彻实行，是能创作一生者”。

在国家日益强盛的今天，我们不能忘记像黄兴这样的英雄，正是因为有了这些仁人志士的不断努力，我们的国家才能独立自主、傲立于世界民族之林。正是有了他们的奋斗牺牲与高风亮节，才铸就了中华民族历经磨难却顽强不屈的灵魂。

人物简介：

黄兴（1874 年 10 月 25 日—1916 年 10 月 31 日），汉族，原名轸，后改名兴，字克强，一字廑午，号庆午、竞武，曾用名李有庆、张守正等。湖南省长沙府善化县高塘乡（今长沙县黄兴镇凉塘）人。中国近代民主革命家，中华民国的创建者之一，孙中山先生的第一知交。

黄兴是辛亥革命时期的先驱和领袖，以字克强闻名当时，与孙中山常被时人以“孙黄”并称。1916 年 10 月 31 日，黄兴病故于上海。1917 年移柩长沙，同年 4 月 15 日，受民国元老尊以国葬于湖南长沙岳麓山。著作有《黄克强先生全集》《黄兴集》《黄兴未刊电稿》《黄克强先生书翰墨迹》。

知识链接：

黄花岗起义是 1911 年 4 月革命党人在广州举行的起义，又称广州起义。在起义失败后，中国同盟会会员潘达微先生不顾清朝当局禁令，以《平民日报》记者的公开身份，5 月 3 日，组织了一百多人（收尸人），把散落并已腐烂的七十二位烈士的遗骨收殓安葬于广州郊外的红花岗，并将红花岗改为黄花岗，史称“黄花岗七十二烈士”。这次起义因而也称为黄花岗起义。1932 年，查得此次死难烈士陈文友等姓名共 86 人。由于习惯，人们仍称黄花岗七十二烈士。

杰出的工人运动领袖

——邓中夏

一个人不怕短命而死，只怕死得不是时候，不是地方。中国人很重视死，有重于泰山，有轻于鸿毛。为了个人升官发财，那是苟且偷生的活，也可以叫作虽生犹死，真比鸿毛还轻。一个人能为了最多数中国民众的利益，为了勤劳大众的利益而死，这是虽死犹生，比泰山还重。人只有一生一死，要生得有意义，死得有价值。

——《狱中遗言》

邓中夏，1894 年 10 月 5 日出生于湖南一个没落的地主家庭，1917 年考入北京大学中文系。十月革命的一声炮响，给中国送来了马克思主义，邓中夏在老师李大钊的教育和启发下学习马克思主义，无数个夜晚，邓中夏在宿舍昏黄的灯光下，一遍遍阅读李大钊发表的《庶民的胜利》和《布尔什维主义的胜利》，并在文中注释："俄国革命的成功，首先就是要唤醒民众。"

1919年，邓中夏作为北京学生联合会总务干事参加了五四运动。1920年他加入了北京共产主义小组，并与老朋友毛泽东一起商量成立湖南学生联合会。中国共产党成立以后，他当选为社会主义青年团北京地方执行委员会书记。1922年任中国劳动组合书记部主任。

在邓中夏的革命生涯中，除了领导学生运动，他的大部分时间和精力都投入了工人运动中。他一边出版进步刊物《劳动音》，在工人中宣传马克思主义，一边领导工人阶级进行反帝国主义、反军阀的斗争。

长辛店便是邓中夏领导工人运动所选择的第一个据点。1921年1月1日，邓中夏在长辛店以“提倡平民教育”为名办起了劳动补习学校，并亲自任教。毛泽东曾高度评价:“中国工人运动是从长辛店开始的。”在长辛店，邓中夏和工人打成一片，努力向工人学习，熟悉工人的生活、语言和思想感情，并向他们深入浅出地宣传革命真理。在与工人的交流学习中，邓中夏看到了工人阶级无穷的力量，看到了新世界的曙光。通过邓中夏的宣传教育，长辛店工人的思想政治觉悟迅速提高，工人中的积极分子想组织起来的愿望越来越迫切。邓中夏同工人骨干商量，决定在当年五月一日成立工人俱乐部。

长辛店工人俱乐部在工人中有着很高的威信。工人们有了自己的团体，感到有了力量。1922年8月，邓中夏感到时机已经成熟，集中了工人的要求，决定以俱乐部的名义向铁路局提出开除欺压工人的总管、工头，承认俱乐部有推荐工人之权，增加工资等要求。在要求没有得到回复的情况下，邓中夏召集工人开会商量对策，并决定用罢工来引起铁路局的关注。罢工持续两天，造成南北交通阻塞，铁路局怕损失太大，答应了工人的要求。这次罢工的胜利，使北方各铁路站的工人受到巨大的鼓舞，在中国工人运动史上留下了极为光辉的一页。之后，邓中夏又利用组织长辛店工人运动的经验，指导和帮助天津、唐山以及北方各铁路工人的斗争，奠定了北方工人运动的基础。

1925 年，“五卅惨案”发生后，以邓中夏为代表的共产党员领导几十万工人举行政治大罢工，反对帝国主义暴行，支援五卅运动。这次罢工沉重地打击了帝国主义，对巩固广东革命根据地和准备北伐起到了巨大作用。邓中夏在担任省港大罢工总顾问期间，及时纠正了工人纠察队中出现的不良之风，反击了陈独秀党内右倾机会主义，大大鼓舞了工人纠察队的志气。

1928 年，邓中夏去莫斯科出席赤色职工国际第四次代表大会，任中华全国总工会驻赤色职工国际代表。1930 年归国后担任红二军团（后改为红三军）政委、前敌委员会书记、中央革命军事委员会委员，后因工作需要调到上海。1933 年 5 月 15 日，邓中夏因为组织反帝反法西斯斗争活动，在上海法租界被捕，不久引渡华界，解往南京，关押在国民党宪兵司令部监狱。国民党的中央委员等人来劝说他投降，都遭到了邓中夏的严词拒绝。

国民党宪兵司令部对邓中夏进行秘密审判。一位法官对他说："你这样强硬，难道不想出去，不想获得自由吗？"邓中夏干脆地回答："我未进来前，就想到有一天会进来，现在进来了，倒从未想到会出去！"之后国民党反动派又多次对邓中夏进行严刑审讯，都以失败告终，他们见邓中夏如此坚贞不屈，便决定杀害他。在生命的最后时刻，邓中夏给党中央写了一封信，深情地说："同志们，我要到雨花台去了，你们继续奋斗吧！最后胜利终究是属于我们的。"

1933 年 9 月 21 日，邓中夏被敌人从监狱中绑押出来。敌人问他："这是你最后的悔过机会，你还有话要说吗？""我一生未做过后悔的事，我也没有什么话可说。"邓中夏斩钉截铁地说道。

敌人把他押上了囚车，在开往雨花台的路上，他唱着《国际歌》，高喊"中国共产党万岁"。邓中夏昂首走上刑场，英勇就义，生命定格在 39 岁。邓中夏一生不畏艰险、不怕牺牲，为党的事业奋斗终生的无私奉献精神，鼓舞着后继革命者追随他的足迹前进，走出了一条光明大道。

抚摸尘封的历史，精神的力量依然震撼人心，在邓中夏曾经带领工人运动的长辛店，一株石榴树依旧年年开花，如同信仰之花永不凋零，只会越开越艳。

人物简介：

邓中夏（1894 年 10 月 5 日—1933 年 9 月 21 日），字仲澥，又名邓康，湖南省宜章县人。曾就读于长沙湖南高等师范文史专修科、北京大学。中共第二届、第五届中央委员，第三届、第六届中央候补委员，中央临时政治局候补委员。中国共产党和中国工人运动的早期领导者之一。

知识链接：

1871 年 3 月，工人运动史上的伟大创举—巴黎公社革命爆发，公社成员高扬国际主义精神，把工人运动的事业推向了高潮。巴黎公社委员之一鲍狄埃在革命失败后第二天，怀着满腔热血和悲痛，用战斗的笔写下了震撼寰宇的宏伟诗篇《国际歌》。

1920 年，中国首次出现由瞿秋白译成中文的《国际歌》。1923 年，由萧三在莫斯科根据俄文转译、由陈乔年配歌的《国际歌》开始在中国传唱。在工人运动中，在抗日战场上，中华大地一次次响起共产主义的战歌。毛泽东曾在 1930 年写下“国际悲歌歌一曲，狂飙为我从天落”的警世诗句。从中共三大起，每次中国共产党全国代表大会及地方各级代表大会和党的重大活动闭幕式，都会奏《国际歌》。

共产党的第一任总司令

——叶挺

我希望有一天，地下的烈火，将我连这活棺材一齐烧掉，我应该在烈火与热血中得到永生！

被毛泽东称为“共产党的第一任总司令”的叶挺将军，原名叶询，后取“人要上行、叶要上挺”之意，改为叶挺，这便是叶挺将军为拯救中华，挺身而出的铮铮誓言。

叶挺，1896 年生，1924 年 12 月加入中国共产党，曾任新四军首任军长，参与领导了南昌起义、广州起义等。1941 年 1 月，叶挺被国民党反动派囚禁，1946 年才重获自由，但在随后乘飞机前往延安的途中，因飞机失事，不幸遇难。

历史的车轮滚滚向前，沧海桑田，叶挺将军波澜壮阔的革命斗争仍被广泛传颂，他忠诚为党、为人民而死的坚贞信仰与牺牲精神，仍让人深深怀念和敬仰。

战功赫赫天下扬

“三军可夺帅，匹夫不可夺志。”叶挺将军纪念园的石壁上镌刻着他为之奋斗一生的座右铭！

1926 年 1 月，叶挺在广东肇庆就任以共产党员和共青团员为骨干的国民革命军第四军独立团（即叶挺独立团）团长。5 月上旬，叶挺率领独立团担任北伐先遣队，率先从广东出发，开赴湖南前线。首战渌田、长驱醴陵、力克平江、直入中伙铺、奇袭汀泗桥、大战贺胜桥、攻占武昌城……独立团一路所向披靡，立下了赫赫战功。

在首战渌田中，一支由唐生智领导的队伍在湖南被北洋军阀包围，情况危急，叶挺的独立团临危受命，被派为先遣队，前去营救。兵贵神速，当时部队急行军直奔湖南方向。独立团仅有的一匹白马，叶挺自己不骑，让给军中的伤病人员，他自己也和士兵们一起走路。部队到达湖南安仁县城，与唐生智部第三十九团团长会晤并了解敌军情况后，叶挺立刻安排独立团二营协同友军防守渌田，三营进驻龙家湾，另派出一个连到黄茅铺，协同友军防守。其余官兵抓紧时间吃饭，随时准备战斗。深夜，叶挺接第三营营长报告："唐第二营已经垮了，我营已与敌人接触。"叶挺立刻决定马上出发。他对一营长说："一营及特别大队为左翼，二营三营为右翼，明天拂晓发起进攻，中午十二点前要打进渌田会合。"他在地图上指着渌田这个地方，狠狠地戳了一下说："我们是中国共产党领导的人民军队，又是北伐先锋。我们不但代表革命军，而且代表中国共产党。这是我们北伐中的第一仗，我们一定要胜利。"进攻开始了，经过激烈的战斗，敌人全部被打垮。在搬运枪械、处理俘虏的时候，叶挺又接到了一营一排万排长的报告，他们乘胜追击敌人到了攸县城南，敌人在城内十分混乱，浮桥已被我方控制。叶挺表扬了万排长作战灵活机动，随后立即率部出击，直奔攸县，迅速占领了县城。

这次战斗中，独立团以一个团的兵力，击溃了6倍于己的敌人，解救了唐生智军之危，稳定了湖南的战局，同时也为北伐谱写了一个好的开局。

在历时半年的北伐战争中，叶挺以多谋善断、指挥能力高超、身先士卒的卓越军事才能，率部摧城拔垒，屡建奇功。因此，他指挥的独立团和所在的国民革命军第四军被称为"铁军"，叶挺也被誉为"北伐名将"。

武装斗争第一枪

1927 年 7 月，党中央决定在南昌发动武装起义，叶挺与贺龙所率的两支部队，是南昌起义的主力部队。7 月 28 日，周恩来作为党中央代表，成立了以贺龙为总指挥、叶挺为前敌总指挥、刘伯承为参谋长的总指挥部。整个起义的作战方案是由刘伯承制定的。刘伯承送给周恩来看过之后，又给贺龙和叶挺过目。那时这几位将领都是初次合作，对彼此的性格都还不太了解。贺龙很爽快地给了同意的回应，但叶挺看了却什么也没说。刘伯承心里惴惴不安，不知道叶挺为什么一言不发，便去找熟悉叶挺的周恩来，周恩来微微一笑，说："这就是叶挺！他不发言，就是完全同意；如果他有意见，会跳起来跟你争论到底的。他就是这种性格。"

8 月 1 日凌晨 2 时，由于第二十军的一个营副告密，起义提前两个小时打响。深夜，起义的红色信号将南昌城映得通亮，南昌起义的枪声打响，叶挺亲临战斗第一线，带领部队按照原定部署，向敌人发起猛烈攻击。经过几个小时的激烈战斗，南昌城内守敌全部被歼灭，南昌起义取得了胜利。

南昌起义后，根据中央预定计划，叶挺率领部队南下广东，于 12 月 11 日与张太雷等中国共产党人一起领导发动了广州起义，叶挺担任工农红军总司令。此次起义，中国共产党首次打出了"红军"旗号。因此，多年后毛泽东称叶挺是"共产党的第一任总司令"，说人民军队的战史要从他写起。叶挺冒着枪林弹雨，亲自指挥作战。最终，由于敌众我寡等原因，12 日晚，起义军被迫撤出了广州城，叶挺也流亡海外，失去了与党的联系。

直到后来叶挺回国参加抗日战争，才重新与党中央取得了联系。

狱中不屈唱《囚歌》

叶挺于1938年1月出任新四军首任军长。两年后，蒋介石不顾民族大义、国家存亡，坚持反共，对新四军进行围剿，导致国共合作关系破裂，并制造了震惊中外的“皖南事变”，叶挺也在“皖南事变”中被蒋介石扣押。周恩来得知后，以极其悲愤的心情在《新华日报》上题词“千古奇冤，江南一叶，同室操戈，相煎何急？”，揭露了“皖南事变”的真相。

叶挺被扣押后，国民党反动派为了诱骗叶挺投降，挖空了心思。一天，国民党第三战区司令顾祝同，派了一辆豪华的小轿车，把叶挺接到司令部参加宴会。宴会开始后，顾祝同向叶挺敬酒，劝叶挺发表宣言，声明新四军违犯了军令。顾祝同告诉叶挺只要这样做就可以出狱，甚至可以做官。

叶挺手拍桌子，勃然大怒，道：“你们制造‘皖南事变’，陷害新四军，破坏抗日，该是你们向人们认罪才对。”叶挺光明磊落，大义凛然，句句话语如同利剑，刺得顾祝同瞠目结舌。后来蒋介石亲自出马，劝叶挺投降，也被叶挺严词拒绝。在重庆狱中，叶挺写下了著名的《囚歌》：

“为人进出的门紧锁着，

为狗爬出的洞敞开着，

一个声音高叫着：

——爬出来吧，给你自由！

我渴望自由，

但我深深地知道

人的身躯怎能从狗洞子里爬出！

我希望有一天，

地下的烈火，

将我连这活棺材一齐烧掉，

我应该在烈火与热血中得到永生！

叶挺慷慨壮烈，大义凛然，宣誓着他坚定高昂、百折不挠的革命意志与信仰。

经中共中央多方营救，1946 年 3 月叶挺获救出狱。出狱前夕，国民党军统局少将沈醉特意跑到监狱问叶挺出狱后第一件事要干什么。他以为叶挺会像其他被囚禁的人一样，先提出与家人见面或享受一番，谁知叶挺毫不犹豫地回答说：“我出去要办的第一件事，便是请求（中国共产党）恢复我的党籍。”沈醉闻言目瞪口呆。他连忙向戴笠报告，戴笠听了也是惊得长时间说不出话来，后来无可奈何地说了一句：“共产党人的可怕，就是在这个地方。”

1946 年 3 月 4 日晚，叶挺获救出狱。3 月 5 日，也就是叶挺出狱的第二天，他即致电中共中央请求恢复其党籍，毛泽东在回电中亲切地称呼叶挺为“亲爱的叶挺同志”，并对他表示热忱的欢迎。4 月 8 日，在乘飞机由重庆回延安的途中，叶挺等人不幸遭遇空难身亡。

“出师未捷身先死，长使英雄泪满襟。”叶挺虽然没有看到新中国成立的那一天，但他留给后世的“不怕牺牲，不屈不挠，坚持信仰与真理，视死如归”的精神将永不磨灭并永远传承下去。

叶挺将军，在血和火中永生，活在中国人民心中！

人物简介：

叶挺（1896 年 9 月 10 日—1946 年 4 月 8 日），原名叶为询，字希夷，号西平，广东归善县（今惠阳区）客家人，中国人民解放军创始人之一，新四军重要领导者之一，著名军事家和政治家。因其为国家和民族的解放事业作出卓越贡献，被中央军委确定为 36 位开国军事家之一，被冠以“中国人民解放军军事家”的称号。

知识链接：

叶挺独立团在中共党史、军史上占有重要的地位，它为人民军队的政治、军事和建设积累了宝贵的经验，这些经验在后来人民军队的建设中得到了继承和发扬，使人民军队不断发展壮大，最后夺取了中国革命的胜利。朱德元帅评价，叶挺独立团是研究军史的“老根”。“三大起义”创建了人民解放军队，叶挺独立团是人民军队的前驱，它的光辉业绩，已载入中国人民革命斗争史册，彪炳千古。

一切行动为人民的赤子英雄

——王若飞

一切要为人民打算。

“有的人活着，他已经死了；有的人死了，他还活着。”生命的意义不在于短暂的停留，而在于走完一生后，回首过去，无怨无悔。古往今来，从“粉骨碎身浑不怕”的于谦，到“一年三百六十日，多是横戈马上行”的戚继光；从“十年始克复先基”的郑成功，到“苟利国家生死以，岂因祸福避趋之”的林则徐；从“将军视死如甘饴，凛凛大节青史垂”的邓世昌，到“戎马三十载，只求裹尸还”的张自忠。他们都将自己的一生，奉献在保家卫国、光复祖国的大任中。

民国时期，国家动荡、内忧外患、腹背受敌，人民生活在水深火热之中。中华民族在岌岌可危中挣扎，救国图存迫在眉睫。青年时期的王若飞面对祖国的动荡，毅然决然参与运动，即使被捕也要为人民斗争到底。

少年时期的王若飞，备受艰苦。父亲不务正业染上鸦片，早早去世，曾祖母心狠手辣，将他逐出家门。王若飞的遭遇，引起了外婆的不安和怜悯，外婆将王若飞接回了家。但王若飞知道，造成他父亲早逝，被曾祖母抛弃的根源在于万恶的旧社会。

在外婆家的日子，舅舅是王若飞的良师益友。在舅舅的教导下，王若飞虽然开蒙晚，但通过努力直接从预科班跳读初等二年级，后来又连升两级。学习途中，他接受着舅舅济世救国的思想和一些进步教员秘密灌输的革命思想，“红色思想”早早在王若飞心中生根发芽。19岁时，他参加了全国各地反对袁世凯接受日本阴谋灭亡中国的“二十一条”斗争，在斗争中他英勇果敢，即使被捕也绝不向恶势力低头。20岁的王若飞意气风发，在五四运动中参加爱国反帝宣传活动，广泛阅读陈独秀、李大钊、胡适等人的文章。他思想活跃，迫切希望能为改变祖国面貌贡献自己的力量。22岁时，他随舅舅到日本东京求学，开始接触马列主义，在勤工俭学的过程中，他遇到了很多志同道合的朋友。求学期间，他与赵世炎、周恩来等在巴黎建立旅欧中国少年共产党，积极从事马列主义宣传。后来他被党派遣从巴黎经德国柏林到莫斯科深入研究马克思主义和中国革命问题。

30岁的王若飞带着一腔爱国豪情回到祖国，参加中共中央机关工作。32岁他正式参加在武汉召开的共产党第五次全国人民代表大会，当选中共中央委员，被派遣到上海，担任江苏省委代理书记、组织部长、农委主任，多次奔波于南通、无锡等地，贯彻八七会议精神，组织农民暴动，开展土地革命，进行武装反抗国民党反动派的斗争，在大江南北播下了革命的火种。

1928年6月，王若飞奔赴莫斯科参加中国共产党第六次全国代表大会，以中共驻共产国际代表团成员身份留驻莫斯科，系统研究马克思主义。他意识到祖国如今的现状，只有社会主义才能真正解救人民，在莫斯科期间他仍时刻关注祖国的一点一滴，关心人民的近况，关注国家形势，确保回国后能以最快的速度投入到革命中去。1931年9月，王若飞由中共驻共产国际代表团派遣回国，担任中共西北特别委员会特派员，领导西北陕甘宁一带农民开展解放斗争。拥有一腔报国热情的王若飞，在同年11月于包头泰安客栈被逮捕，解送到第一模范监狱关押，在敌人的威逼利诱、陪杀场、假枪毙等恐吓威胁下，他毫无畏惧。在狱中他用自己的口才将敌人说得哑口无言，用坚毅的内心视威逼利诱如无物。被关在监狱的5年多时间里，王若飞从未放弃希望，从未忘记理想，在狱中他坚持写作，写下了《中国农民战争》《中国社会的经济结构》《怎么做一个布尔什维克》等文章，带领狱友同敌人作斗争。他拿出“粉骨碎身浑不怕,要留清白在人间”的信念，用视死忽如归的坚定决心，不接受敌人的利诱，不害怕敌人的刑罚，用铮铮铁骨书写共产党员的不屈脊梁。

抗日战争国共合作期间，经组织营救，他被无条件释放。1937 年 8 月，在刘少奇的安排下，他经西安来到延安，担任要职。在《新中华报》《八路军军政杂志》《共产党人》等报刊中发表大量文章，用笔作为打击敌人的锋利武器，为党的思想传播作出巨大贡献。1945 年 6 月，他在中共七大上当选中央委员。1945 年 8 月，王若飞随毛泽东、周恩来飞往重庆同国民党进行谈判，受到民主党派和社会各界人士的欢迎。1946 年 4 月 8 日，他乘飞机回延安，途中飞机在山西黑茶山失事，飞机上 13 名共产党员和 4 名美国机组人员全部遇难。中共中央对此事深表惋惜，追封飞机上 13 名共产党员为“四八烈士”。

人们常说：男子汉大丈夫生该干一番轰轰烈烈的事业，为国家出力报效。有的人用铮铮铁骨“马革裹尸还”，有的人“粉骨碎身浑不怕”，有的人用睿智的头脑“铁齿铜牙”。王若飞用“笔”作为战斗的武器，在革命的路上毅然决然，和敌人斗争到底。

人物简介：

王若飞（1896 年 10 月—1946 年 4 月 8 日），幼年原名大伦，小名运笙（运生）、荫生，号继仁，曾用名王度、雷音，参加革命深入敌后化名黄敬斋，出生于贵州安顺，杰出的共产主义先驱、中共领导人，老一辈无产阶级革命家，著名的“四八”烈士。

青年时代，王若飞参加过辛亥革命和讨伐袁世凯运动。1922 年 6 月，王若飞与赵世炎、周恩来等发起成立“旅欧中国少年共产党”，积极从事马列主义的宣传。1923 年由法国共产党党员转为中国共产党党员，先后任中共豫陕区党委书记，中共中央秘书长，中共军委参谋长等职，并作为中共代表团代表之一，与毛泽东、周恩来赴重庆谈判，同国民党政府签订了著名的《双十协定》。1946 年 4 月 8 日，王若飞乘飞机回延安，因飞机失事于山西兴县黑茶山不幸遇难，终年 50 岁。

2009 年，王若飞被中央宣传部、中央组织部等 11 个部门评为“100 位为新中国成立作出突出贡献的英雄模范人物”。

知识链接：

1946 年 4 月 8 日，国民党为了破坏我党的工作，打破国共两党谈判的和谐氛围，制造事端以麻痹我党的谈判，在王若飞等同志由重庆飞往延安，向中共中央汇报情况、请示工作的时候，对此次飞行展开了暗杀活动。飞机起飞后，半途中阴云密布，大雨滂沱。飞机在行至晋西北兴县东南80里处，一头撞在海拔2000多米的黑茶山上，机毁人亡，无一生还。这一天在飞机上的所有我党烈士被称为“四八烈士”。

为光明而奋斗的农民运动领袖

——方志敏

敌人只能砍下我们的头颅，决不能动摇我们的信仰！因为我们信仰的主义，乃是宇宙的真理。

“路漫漫其修远兮，吾将上下而求索。”这句话出自屈原的《离骚》，是中国革命英雄为国家前途命运前赴后继、坚持不懈、奋勇求真的真实写照。自鸦片战争开始，遭受列强侵略剥削的中国逐步沦为半殖民地半封建社会，国家动荡不安、人民叫苦不迭。水深火热之中，中华儿女奋起反抗，呼唤光明的未来。

在新民主主义革命的 30 年峥嵘岁月里，涌现了无数革命英雄，他们前赴后继，用行动践行着马克思主义，用鲜红的生命捍卫着真理。在这些英雄中，方志敏同毛泽东、彭湃一起被公认为“农民大王”，毛泽东曾在《中国社会各阶级的分析》中明确指出：“中国无产阶级的最广大和最忠实的同盟军是农民。方志敏从事农民运动比彭湃晚几个月，比我毛泽东早几个月。”

1899 年 8 月 21 日，方志敏出生在江西省上饶市弋阳县漆工镇湖塘村一个世代务农的大家庭。他的父亲勤劳朴实，年轻时主要做茶叶生意，生意亏本后便终日与土地相伴；母亲是位善良谦和、持家勤俭的农妇，家庭务实清贫的淳朴作风影响了方志敏及其姐弟的一生。

方志敏的童年是在家乡度过的，因为家庭贫困，他 8 岁才进入私塾读书，还曾多次因为家庭原因辍学回家务农。但小志敏非常珍惜读书的机会，他从未放弃学习，他的父亲也不想儿子一辈子务农，便四处筹钱送他上学。随着阅历的增加、知识的增多，方志敏逐渐开始阅读传播改良主义和民主思想的文章，也正是从那时起，“为光明而奋斗”的种子慢慢在他的心中扎根、发芽，他开始对人生道路和社会改革进行思考，慢慢探索改革之路。

1919 年五四运动爆发后，方志敏和邵世平组织同学在县城集会游行，张贴从北京寄来的《告青年学生书》和《告各界同胞书》，带头抵制日货。1920 年，方志敏以优异的成绩考上江西省立南昌甲种工业学校。在校期间，方志敏多次带领同学公开揭露学校的腐败和校长赵宝鸿的贪污，掀起了“驱赵风潮”。

1921 年春，方志敏因为领导学生反对腐败教育，要求教育改革而被校方开除，这些学生时代的经历使方志敏进一步懂得了必须彻底改革社会的道理。同年秋天，方志敏进入同文学院，阅读了英文版《资本论》和《共产党宣言》两部伟大的著作，他专门成立读书会，学习和探讨社会主义。后来因家中债台高筑，方志敏毅然选择退学以减轻家中负担，并决定参与到实际的革命工作中去。

1922年7月方志敏从九江来到上海。在上海期间，方志敏加入中国社会主义青年团并写作白话小说《谋事》，在《民国日报》副刊《觉悟》发表。在组织的要求下，方志敏从上海回到南昌，创办南昌文化书社，广泛传播马克思主义和革命理论。随后，方志敏又参与成立了中国社会主义青年团南昌地方委员会，并发起组织了江西民权运动大同盟和马克思学说研究会，积极吸收各阶层人士参加，开展争取民主权利的斗争。革命斗争风雨的磨炼，让方志敏更加渴求能加入一个与自己有共同理想的先进组织。1924年3月，方志敏加入中国共产党。因当时的江西被北洋军阀所把持，他的工作只能秘密进行，他被安排在党组织的秘密交通机关之一的黎明中学任教，秘密从事革命活动。

方志敏是一位杰出的农民运动领袖。1925年，方志敏在党的安排下回乡开展农运工作。为了让更多的人有机会上学，他创办了旭光义务小学，白天免费为因贫困失学的学生上课，晚上办夜校教贫苦的农民识字，宣传革命思想。他组织建立农民协会，带领农民武力抗捐抗租，土豪劣绅为之胆寒，农民斗志不断被鼓舞，农民阶级的力量逐步得到彰显。在方志敏开展农运工作期间，他与毛泽东、彭湃等同志学习、沟通，力求探索出一条适合中国农民的道路。

方志敏是一位伟大的无产阶级革命家、军事家。1927 年，国民革命队伍内部开始了一场革命与反革命势力的较量。面对当时复杂多变的形势，方志敏与妻子缪敏坚持进行革命斗争，他们在新婚之夜以打麻将做掩护，研讨下一步的工作计划和工作方法。同年 8 月，方志敏化装成农民回到弋阳。经过几个月的辗转、秘密联络，避过敌人的持续搜索和打压，最终在快到旧历年关之时，发动了弋横地区 100 多个村镇持续两个多月的暴动。这场暴动让农民阶级感受到了胜利的喜悦，也让反动官吏和土豪劣绅受到了相当大的冲击，纷纷仓皇出逃。但是，在反革命势力的镇压之下，此次暴动成果未能保留。

方志敏是一位有谋略的政治家，与“左”倾路线作斗争。1929 年 10 月，赣东北成立信江苏维埃政府以来，在方志敏的领导下，经过一年多的浴血奋斗，苏区人民向东、南、北三面拓展到拥有 52 个县，加上游击区，人口达 2000 多万，进入全盛时期。就在方志敏创建苏区的工作受到中央政府表彰的时候，一股“全盘否定”的逆流却在赣东北泛滥起来。中共六届四中全会后，王明“左”倾教条主义在党内占了统治地位。方志敏在赣东北的领导地位被剥夺，还被排斥在党的核心领导之外。1932 年 9 月 10 日，方志敏率红十军从横峰出发，经过一个月艰苦卓绝的革命斗争，取得了二进闽北的胜利。方志敏用实际行动充分证明了自己的主张是正确的，是和国民党反动派抗争的有力武器，同时对“左”倾军事路线进行了有力批判。

正当国民党反动派向苏区疯狂“围剿”的时候，日本帝国主义加快了侵略中国的步伐，民族危机愈加严重。方志敏在葛源，一方面具体部署保卫闽浙赣苏区的工作，另一方面对红十军北上抗日进行深入的政治动员。终于，1934 年 11 月 24 日，在方志敏等同志的带领下，红十军团 20 师、21 师告别苏区父老乡亲，踏上了北上抗日的征程。途中，反革命集团疯狂围追堵截，方志敏因被叛徒出卖而不幸被俘。方志敏同志在狱中受尽酷刑，但在艰苦的环境中并未停止自己的革命工作，他与乔信明等同志在狱中建立了共产党支部，身陷囹圄依然传播革命进步思想。1935 年 8 月 6 日凌晨，一群全副武装的敌兵，将方志敏从狱中押出秘密杀害。年仅 36 岁的共产主义战士方志敏，为革命事业，为中国人民的解放事业流尽了自己最后一滴血。1937 年时，这个狱中建立的党支部已拥有 30 多名党员。他们被党组织营救出狱后，参加了新四军，重新奔赴抗日战场，实现了方志敏的遗愿。

这就是我们的革命英雄方志敏，他参与领导弋横暴动，创造了拥有“铁的纪律”的红十军；创建了江西地方党团，创建了中国共产党历史上最早一批的苏维埃政权；在革命苏区首创了股份制发行股票，实行对外开放的边贸政策；首创了列宁公园，并且创办了一批学校和文教卫生单位；闽浙赣根据地也是我军地雷战的发源地，提高了人民战争的水平。短短 36 年，方志敏同志用实际行动为党和人民交上了一份意义非凡的答卷。

方志敏的革命乐观主义精神，以身作则的工作态度，影响着一代革命者。我们应当铭记方志敏，应当铭记每一位革命英雄。因为，正是他们抛头颅洒热血，为了革命事业奋斗终身，才使得祖国从苦难走向新生。

人物简介：

方志敏（1899 年 8 月 21 日—1935 年 8 月 6 日），江西省上饶市弋阳县漆工镇湖塘村人，原名远镇，乳名正鹄，号慧生，是杰出的无产阶级革命家、政治家、军事家、农民运动领袖。1924 年 3 月加入中国共产党，是江西党组织的创始人之一，闽、浙、皖、赣革命根据地和红十军团的创建者，曾参与领导“弋横起义”，创建赣东北苏区。先后任赣东北省、闽浙赣省苏维埃政府主席，红十军、红十一军政治委员，中共闽浙赣省委书记。曾在狱中写下《可爱的中国》《清贫》等近 14 万字的著作。

知识链接：

方志敏烈士较早地注意到农民的力量，领导开展轰轰烈烈的农民运动，并创造性地建立了“方志敏式根据地”。

从 1924 年加入中国共产党开始，方志敏就积极从事农民运动。他创建农协、开办农民夜校，在广大农民中间传播先进知识和革命思想，组织壮大农民力量，对抗地主豪绅，与反动势力斗智斗勇。

方志敏在革命实践中创建的闽浙（皖）赣革命根据地，没有依靠任何的外来红军部队，而是靠组织当地农民暴动。因此赣东北红军基本上是由农民赤卫队发展而来的。在方志敏的领导下，闽浙（皖）赣苏区在政治、经济、军事、文化等方面建设都取得了辉煌成绩。1934 年 1 月闽浙赣苏区被中华苏维埃临时中央政府授予“苏维埃模范省”称号，是当时全国六大根据地唯一获此殊荣的地区。

赤诚报国的民主战士

——闻一多

他，是口的巨人。他，是行的高标。

——臧克家

1980年2月12日的《人民日报》选登了这么一篇文章——《说和做——记闻一多先生言行片段》，这篇文章出自“农民诗人”臧克家之手，它虽然不是人物传记，却记叙了闻一多先生的主要事迹。后来入选初中语文教材，让中学生们对闻一多先生有了最初的认识。

闻一多，清光绪二十五年（1899）十月二十二日，出生于湖北黄冈浠水县的一个书香门第，从小喜欢古典诗词和美术，五岁就进入私塾启蒙。

十三岁时，他更是以复试鄂籍第一名的成绩考入了北京清华留美预备学校，在清华度过了十年的学习生涯。

1919 年 5 月 4 日，五四运动爆发，闻一多也逐渐成为学校里这场运动的主力。刚开始，他手写岳飞的《满江红》，贴在学校饭堂门前。之后，他更是不顾个人安危，发表演说，创作新诗，成为五四新文艺园中的开拓者，并作为清华学生代表赴上海参加全国学生联合会成立大会。

1922 年 7 月闻一多赴美国留学。在此期间，他写下了著名的《七子之歌》等多篇爱国思乡之作。1923 年 9 月，他出版了第一部诗集《红烛》，创造性地把反帝爱国的主题和唯美主义的形式结合在一起。1925 年学成归来，他辗转各地任教，培养了无数学子。

1937 年 7 月，卢沟桥事变爆发，闻一多随校迁往昆明，任西南联合大学教授。面对严酷的现实，他毅然决定“投笔从戎”，积极投身到抗日救亡斗争中。在这样的斗争过程中，他逐渐认识到，要救中国，必须从根本上推翻帝国主义和封建军阀的统治。1944 年，他加入中国民主同盟，成为积极的民主斗士。

1945年，昆明发生一二·一惨案，闻一多亲自为死难烈士书写挽联："民不畏死，奈何以死惧之。"出殡时，他不顾他人的劝阻，也不顾自己的生命安全，拄着手杖走在游行队伍最前方，并撰写了《一二·一运动始末记》，揭露事实的真相，号召所有的战士们"踏着烈士的血迹"继续战斗。

他是这么写的，也是这么做的。

1946年6月，民盟云南支部举行社会各界招待会。他在会上宣布，民盟决定响应共产党的号召，坚持"民主团结、和平建国"的立场，并且号召当时参与招待会的所有人，"携起手来，共同为反内战、争民主，坚持到底！"深受社会各界好评。

1946年7月15日，在李公朴追悼大会上，他慷慨激昂地发表了《最后一次演讲》，痛斥国民党特务，揭露事实真相，并握拳宣誓说："我们不怕死，我们有牺牲精神，我们随时准备像李先生一样，前脚跨出大门，后脚就不准备再跨进大门！"下午，他坚持主持记者招待会，进一步揭露暗杀事件的真相。散会后，闻一多在回家路上，突然遭到国民党特务伏击，身中十余弹，不幸遇难。

终其一生，不难发现，他是一位杰出的诗人和学者，更是一名伟大坚定的民主战士，语言和行动的英雄。无论是哪种身份，"炽热的爱国热情、无畏的英雄主义"都是闻一多先生生命的红线。

作为一名诗人，他提出了诗歌的三美——诗歌美、音乐美和建筑美。他善于用诗歌来表达自己的情感。因此，在面对民族的巨大灾难时，刚回国的闻一多先生再也难抑悲愤，像一座突然喷发的火山，在短时间内，发表了《贡献》《罪过》《收回》《你指着太阳起誓》《心跳》《一句话》等不甚讲求修辞，但却充满火一般爱国激情和痛挞社会现实的诗歌。一个追求自由的诗人，一个热爱祖国的诗人，用他自己的方式走出了他最初的英雄之路——用诗歌作为自己的武器，与敌人作斗争！可事实证明，这条路是行不通的。敌人的枪不会因为诗歌而停火，在随时可能面临民族危亡的近代中国，只有和他们正面斗争，才有取得胜利的可能。

最初，闻一多先生是站在国民党一边的。但后来，他看到了蒋介石的观点与他背道而驰，同时又被延安诗人田间诗歌中的战斗精神所打动，闻一多逐渐改变了自己的政治立场。他急切地阅读各种书籍，详细了解共产党的各种情况，他开始由学者转变成斗士，并在共产党的秘密领导下全身心地投入追求民主的运动中——他开始了另外一条英雄之路。

成为民主战士后，闻一多始终坚持在斗争的第一线。他经常参加各种进步政治活动，撰写社论、起草宣言、发表文章。他还经常在群众集会上发表演说，鼓舞人民群众的战斗热情。李公朴遇害后，他更是不顾生命危险，勇敢地揭露事实真相，用生命去追求民主，并因此壮烈牺牲。他在斗争中与中国共产党成为亲密战友，他的种种英雄事迹也为中国民主运动史和中国共产党统一战线史写下了重要和难忘的一页。

毛泽东主席曾在《别了，司徒雷登》中高度赞扬闻一多，他说："闻一多拍案而起，横眉怒对国民党的手枪，宁可倒下去，不愿屈服。"毛泽东还在读史评注中把闻一多的名字置于岳飞、文天祥、瞿秋白、方志敏等仁人志士之列，高度赞扬“闻一多诸辈，以身殉志，不亦伟乎！”周恩来同志也指出：“鲁迅和闻一多，都是我们的榜样。”对于这样的评价，闻一多是当之无愧的。

闻一多用自己的生命谱写了一曲响彻云霄的民族正气之歌。他的热血与千千万万革命烈士的鲜血一起汇入了中国人民争取解放的革命洪流，染红了中华人民共和国的旗帜。他为争取民族解放、国家独立和人民幸福而英勇奋斗、坚持不懈，直至壮烈牺牲，他这种毕生赤诚的爱国主义精神和追求真理的英雄主义精神，永远值得我们敬佩和学习。

闻一多——赤诚爱国、求索真理的英雄，永远活在我们心中！

人物简介：

闻一多（1899 年 11 月 24 日—1946 年 7 月 15 日），本名闻家骅，字友三，生于湖北省黄冈市浠水县，中国现代伟大的爱国主义者，坚定的民主战士，中国民主同盟早期领导人，中国共产党的挚友，新月派代表诗人和学者。

1912 年考入清华留美预备学校。1916 年开始在《清华周刊》上发表系列读书笔记。1925 年 3 月在美国留学期间创作《七子之歌》。1928 年 1 月出版第二部诗集《死水》。1932 年闻一多离开青岛，回到母校清华大学任中文系教授。

1946 年 7 月 15 日，闻一多在云南昆明被国民党特务暗杀。

知识链接：

《七子之歌》是闻一多于 1925 年 3 月在美国留学期间创作的组诗，共七首，分别是澳门、香港、台湾、威海卫、广州湾、九龙、旅大（旅顺 - 大连）。其中，《七子之歌 · 澳门》被大型电视纪录片《澳门岁月》改编选作主题曲，由于该纪录片的影响力故而在 1999 年 12 月 20 日澳门回归时成为主题曲。此外，《七子之歌 · 台湾》与《七子之歌 · 广州湾》也被改编谱曲为现代歌曲。

抗日巾帼英雄

——赵一曼

未惜头颅新故国，甘将热血沃中华。

1931年9月18日，“九一八”事变爆发。日本军国主义悍然发动侵华战争，给中国人民带来前所未有的灾难。在抗日战争期间，涌现了一批又一批视死如归、不屈不挠的抗战英雄。他们用自身的鲜血铸就了中华民族以爱国主义为核心的伟大民族精神以及自力更生、艰苦奋斗的抗战精神，鼓舞着一代又一代中华儿女。

赵一曼，原名李坤泰，是众多抗战英雄中的巾帼英雄。1905年，她出生于四川省宜宾县（今宜宾市）白杨嘴村一个封建地主家庭，8 岁进入私塾读书。五四运动期间受到革命思想影响，她于 1924 年加入社会主义青年团。1926 年夏，赵一曼加入中国共产党，同年 11 月，被党组织送入武汉中央军事政治学校学习，成为近代中国军校第一批女学员。1927 年夏，

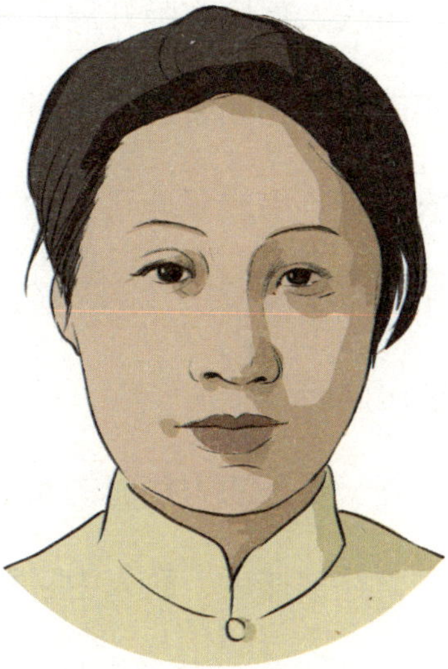

她前往莫斯科中山大学学习，翌年与同学陈达邦结婚。1928 年冬，她奉调回国，先后到宜昌、上海、南昌等地做地下工作。

1931 年“九一八”事变后，她被中央派到东北地区工作，更名为赵一曼。随后赵一曼在侯林乡、亮珠河一带组织抗日武装，开展游击活动。1935 年 10 月，珠河根据地遭到严重破坏，三军主力撤离，赵一曼兼任东北人民革命军第三军第二团政委，协助团长指挥作战，连续打退敌军六次进攻，在掩护部队突围时不幸被捕。1936 年 8 月 2 日，在公开处决前，赵一曼一路唱着《红旗歌》，沿途许多群众泪流满面，备受感动。临刑前，她高呼“打倒日本帝国主义！”“中国共产党万岁！”等革命口号，随后在珠河小北门外从容就义，时年 31 岁。

赵一曼是闻名东北、让敌人胆寒的抗联“女政委”，是“挎双枪，骑白马的密林女王”。她一到东北，就立刻投入抗日的组织和实际工作中，在军

事上与敌人真枪实弹开展武装斗争。在担任珠河道北区委书记期间，赵一曼手下无兵无武装。在满洲省抗日组织遭到日军大力破坏的情况下，她带领农村青年组成了珠河道北农民游击连，并时常夜袭敌人的岗哨，在敌人的眼皮下运输枪支，武装游击队伍，以大无畏、勇于抗争的精神鼓舞了所有爱国同胞。

赵一曼是清秀瘦弱的女子，更是英勇不屈的战士。她信仰坚贞，宁死不屈，在被捕后，敌人为了获得抗联和地下党的活动机密，刑讯采用的酷刑多达几十种，包括鞭打，吊拷，老虎凳，竹筷夹手指、脚趾，压杠子，搓肋骨，等等。即使敌人轮番折磨赵一曼，但得到的回答却是她对日本侵略者罪行的控诉和誓死抗日的决心。她坚定地说："进行反满抗日运动并宣传其主义，就是我的目的、我的主义、我的信念。"赵一曼表现出了一名共产党员、民族战士不怕牺牲的英雄主义气概。

赵一曼是临机应变、把握机会的杰出女性。酷刑之下，赵一曼生命垂危，被送往医院。在这里，赵一曼依旧积极争取和团结进步群众，宣传革命思想。在17岁的见习护士韩勇义和看守董宪勋的帮助下，赵一曼逃出哈尔滨，但不幸被日本宪兵追上，再次被捕。

"誓志为人不为家，涉江渡海走天涯。男儿岂是全都好，女子缘何分外差？未惜头颅新故国，甘将热血沃中华。白山黑水除敌寇，笑看旌旗红似花。"英雄倒下了，但是英雄的精神永不会倒下，英雄的气节永不会消失。中华民族崇尚英雄，作为不输男儿的巾帼英雄，为将革命的火种传扬，赵一曼为党为国家为中华民族献出了宝贵的生命，她的事迹像一团熊熊燃烧的火焰，日日夜夜灼痛着每一个中国人的心，也必将鼓舞中华儿女不懈奋斗，振兴中华！

人物简介:

赵一曼（1905 年 10 月—1936 年 8 月），原名李坤泰，又名李一超，人称李姐。四川省宜宾县白花镇人（今四川省宜宾市翠屏区白花镇）。中国共产党党员，抗日民族英雄，曾就读于莫斯科中山大学，毕业于黄埔军校六期。赵一曼 1935 年担任东北抗日联军第三军二团政委，在与日寇的斗争中被捕，于 1936 年 8 月就义。赵一曼留有诗篇《滨江述怀》，2009 年被评为“100 位为新中国成立作出突出贡献的英雄模范人物”之一。

知识链接:

东北抗日联军是在中国共产党领导下的一支英雄部队。自 1937 年以来，日本侵略者为了巩固侵华战争的后方基地，不断向东北增兵，关东军由 20 万猛增至 40 万。日伪当局以强大的兵力对抗联部队进行连续不断地“讨伐”，同时极力强化它在城乡的法西斯统治。他们疯狂屠杀共产党人和爱国者，摧毁抗日救国组织，严密控制人民活动；在抗日游击区实行惨无人道的烧光、杀光、抢光的“三光政策”，制造无人区，割断抗联部队与人民群众的联系，断绝抗联部队的给养来源，加紧经济封锁、政治诱降。抗联组织就是在这样艰难困苦的环境中，开展了长达 14 年的艰苦斗争，成功牵制了数十万日伪正规军，有力地支援了全国的抗日战争。

誓驱侵略的抗战英雄

——赵尚志

携手一致革命者才是知交，用大家精诚的鲜血将旗染好，庆凯歌看红旗到处飘飘，十年血战还要争取最后的一朝。

——《十年血战还要争取最后的一朝》

他是敌人口中惊呼的“小小的满洲国，大大的赵尚志”里的主人公，曾 3 次被敌人逮捕、3 次身负重伤、3 次被撤销职权。他是著名的抗日将领，是东北抗日联军创建人和领导人之一，他是我国著名的抗战英雄赵尚志，他将生命奉献给了我国的革命事业。

赵尚志，1925 年加入中国共产党，是东北地区最早的共产党员之一，同年进入黄埔军校学习。军校毕业后，赵尚志开始组织参加学生运动，同时也开始着手从事党内活动。1927 年 3 月，赵尚志被奉天军阀逮捕入狱，由于他始终坚持说自己是国民党员，没有被发现中共党员的身份，同年 5 月便被释放。1931 年 4 月，赵尚志第二次被捕入狱，但他牢守党员身份、严守党的秘密，对党忠诚、宁死不屈。“九一八”事变后，经党中央和满洲省委营救出狱。

1932 年，中共满洲省委任命赵尚志为省委常委、军委书记，同年 6 月，东北很大一部分国土被日本侵略军占领。赵尚志决定成立一支抗日武装，以武装斗争的方式直接反抗日本帝国主义，中共满洲省委同意他前往巴彦县到张甲洲领导的巴彦游击队工作。化名为李育才的赵尚志到了巴彦后，帮助张甲洲整顿队伍，培养了一批抗日骨干和中坚力量。同年 11 月，根据满洲省委指示，巴彦游击队被编为中国工农红军第三十六军江北独立师，张甲洲任师长，赵尚志任政治部主任。这支抗日队伍在张甲洲和赵尚志等同志的领导下，取得了一场又一场的胜利。

1933 年 10 月，赵尚志领导创建北满珠河反日游击队并担任队长。游击队创立之初，他便同战友们发出誓言：“我珠河东北反日游击队全体战士，为收复东北失地，争回祖国自由，哪怕枪林弹雨，万死不辞，赴汤蹈火，千辛不避，誓必武装东北三千万同胞，驱逐日寇海陆空军滚出满洲，为中华民族的独立解放奋斗到底！”

1934 年 6 月，赵尚志任东北反日游击队哈东支队司令，与李兆麟等同志创建了珠河、汤原抗日游击根据地。1935 年 1 月赵尚志任东北人民革命

军第三军军长。1936 年 1 月，赵尚志任北满抗日联军总司令部总司令，8 月任东北抗日联军第三军军长，后任中共北满临时省委执委会主席、东北抗日联军第二路军副总指挥。面对日伪军的疯狂“讨伐”和“清剿”，在极其艰难困苦的险恶环境中，赵尚志率领抗联部队同日伪军进行了激烈的战斗，远征松嫩平原，风餐露宿，作战百余次。毛主席曾赞誉赵尚志等抗联将领是“有名的义勇军领袖”。

1940 年，赵尚志被错误地开除党籍，当得知自己被开除党籍后，他给党组织写了一份特别诚恳的请求书，书中写道：“党籍是每个共产党员的生命。我万分地向党请求审查，给我从组织上恢复党籍，恢复我的工作，我不能一天离开党，党也不要一天放弃对我的领导。”虽然被开除党籍，但赵尚志仍然顽强地进行着抗战活动。1942 年 2 月 12 日，赵尚志在率部对敌人作战中身负重伤被俘，他宁死不屈。敌人残忍地割下了赵尚志的头颅运到长春庆功。赵尚志同志壮烈牺牲，年仅 34 岁。

赵尚志曾挥笔写下诗歌《十年血战还要争取最后的一朝》，摘取其中一段来感受抗战英雄的豪迈情怀和爱国之志：

“分裂中伤是瓦解的祸苗，暗害破坏是奸细的毒药，叛徒贼子个个将他杀掉，十年血战还要争取最后的一朝。携手一致革命者才是知交，用大家精诚的鲜血将旗染好，庆凯歌看红旗到处飘飘，十年血战还要争取最后的一朝。”

誓驱侵略的抗战英雄赵尚志用他的一生践行了他的歌，他的一生是为民族战斗的一生、是为中国革命的一生、是为抗战事业奉献的一生、是为民族解放和国家独立奋斗的一生，在他身上体现出来的对党忠诚、宁死不屈、为人民服务的革命英雄主义精神是我们今天要学习的宝贵精神力量。

人物简介：

赵尚志（1908年—1942年2月12日），汉族，热河朝阳（现辽宁省朝阳市）人，东北抗日联军创建人和领导人之一，东北地区最早的共产党员之一。1925年夏加入中国共产党，北伐战争时期，赵尚志在东北地区组织和从事反帝反军阀的革命活动。“九一八”事变后，赵尚志被任命为中共满洲省委常委、军委书记。之后，赵尚志领导中共巴彦抗日游击队（中国工农红军三十六军独立师），并任北满珠河反日游击队队长，后任东北反日游击队哈东支队司令，东北人民革命军第三军军长，东北抗日联军第三军军长，北满抗联总司令，东北抗日联军总司令，东北抗联第二路军副总指挥。新中国成立后，为了表彰赵尚志的抗战功绩，人民政府把珠河县改名为尚志县（今尚志市），把哈尔滨的一条主要街道命名为“尚志大街”。

2009年，赵尚志被中央宣传部、中央组织部等11个部门评为“100位为新中国成立作出突出贡献的英雄模范人物”。

知识链接：

赵尚志有着深厚的文学功底，他写下了很多的歌词和诗词，《十年血战还要争取最后的一朝》这首歌便是他的代表作。由于当时的东北抗联队伍中没有善于给词谱曲的人员，只能采用成曲改编，原曲调取自澳大利亚的三拍歌曲《剪羊毛》。赵尚志根据《剪羊毛》的节奏，将五段歌词的分节歌分十次重复“十年血战还要争取最后的一朝”这句话，也将歌曲的题目定为《十年血战还要争取最后的一朝》，使之表现得更加果敢坚定、慷慨激昂，唱出东北抗联队伍的必胜信念。

钢铁般意志的革命女烈士

——江竹筠

你是丹娘的化身
你是苏菲亚的精灵
不，你就是你
你是中华儿女革命的典型

——何雪松

在战火纷飞的年代，中华儿女留下了许许多多可歌可泣的英雄故事。江竹筠用她年轻的生命谱写了大义凛然、宁死不屈的英雄诗篇。正如诗中所写，江竹筠是革命英雄人物的杰出代表。走近她传奇的一生，是走近一位柔情刚毅的女烈士，更是走近无数信仰坚定、不畏牺牲，有着钢铁般意志的革命英雄。

1920年，江竹筠出生在四川省一个普通的农民家庭，10岁便进袜厂打工。她在舅舅的安排下入学读书，后考入重庆南岸中学。1939年，在重庆中国公学附中读高中的江竹筠加入中国共产党。1940年，她进入由黄炎培创办的中华职业学校会计班学习，之后江竹筠任重庆新市区区委委员。1944年，中共重庆市委出于地下斗争工作需要考虑，安排江竹筠与时任重庆市委第一委员的彭咏梧假扮夫妻，作为身份掩护，同时合作开展地下斗争工作。最初接到这个任务时，江竹筠是惊诧而又羞涩不已的，但为了革命工作，她毅然接受了组织安排。他们组建的家庭是重庆市委的秘密机关和地下党组织整风学习的指导中心。江竹筠主要负责党内事务和联络工作，同志们都亲切地称她为江姐。

1945年，因为在革命工作中累积情感，江竹筠与彭咏梧正式结婚，并在1946年诞下儿子彭云。儿子未满月，她就投入工作，指导学生运动。在随后的革命斗争岁月中，江竹筠和儿子更是聚少离多……1947年，党在国民党统治区组织和领导了第二条战线的斗争，江竹筠受中共重庆地下市委指派，负责部分学校的党的工作，开展学生运动，同时承担中共重庆市委地下刊物《挺进报》的联络和组织发行工作。而就在此时，川东党组织决定把工作重点转向农村武装斗争，按照组织安排，彭咏梧赴川东领导武装斗争，江竹筠也将一同前往川东地区开展工作。他们深知前路凶险，只能将不满一岁的儿子彭云匆匆托付给友人。

1948年春节前夕，彭咏梧在组织武装暴动时不幸牺牲，头颅被敌人挂在城门示众。江竹筠痛定思痛，并坚信唯有继续斗争、争取革命胜利，才能不辜负牺牲的丈夫和战友。强忍着悲痛，她对组织提出，要继续留在川东组织武装暴动，因为除了彭咏梧，她是对这条线上的人员安排和具体形势最为熟悉的。组织担忧她的安危，她坚定地说："这条线的关系只有我熟悉，别人代替有困难，我应该在老彭倒下的地方继续战斗！"

由于形势严峻，在赶往川东途中，江竹筠被迫滞留万县。1948 年 6 月 14 日，由于叛徒出卖，江竹筠不幸被捕，被押往重庆渣滓洞监狱。国民党军统特务急于从江竹筠口中破获川东地下党组织和重庆地下党组织，动用各种酷刑：老虎凳、辣椒水、吊索、带刺的钢鞭、撬杠、电刑，甚至残酷地将竹签钉进她的十指。酷刑的摧残和死亡的威胁让江竹筠奄奄一息，但她始终坚贞不屈，正气凛然："你们可以打断我的手，杀我的头，但要组织的任何消息是没有的。毒刑拷打，那是太小的考验。竹签子是竹子做的，但我们共产党人的意志犹如钢铁般坚毅！"

女性的柔弱之躯在钢鞭吊索的残酷折磨下不成人形，却有着比钢铁还坚硬的意志。女性也有柔情，她朝思暮想的儿子云儿，出生后就聚少离多的云儿，为了革命事业，她没法像其他母亲一样精心抚育子女。她放心不下儿子，于是偷偷藏起一根竹筷，把一端磨尖当成笔，然后拆开棉被，把棉花烧成灰，加些清水，做成了墨水，用这样的笔墨给友人写了一封信，这也成了她的绝笔、她的遗书。她在信里嘱托：“我有必胜和必活的信心……但假若不幸的话，云儿就送给你了，盼教以踏着父母之足迹，以建设新中国为志，为共产主义革命事业奋斗到底。孩子们决不要骄（娇）养，粗服淡饭足矣。”书写匆忙，字迹潦草，多次涂抹，可见其念子之心切。在性命攸关之时，除了革命事业，她最惦记的就是儿子，而对儿子的嘱托也是要为革命事业奋斗到底，遗憾的是江竹筠最终也没能再见儿子一面。

天色渐亮，电台岚垭到了，劲风吹着枯黄的野草，不知名的野花在杂草中顽强怒放着。一阵枪响，江竹筠和几位烈士倒下，壮烈牺牲，年仅29岁。江姐的生命虽然短暂，但是她的精神永存，她用自己的生命书写了新中国成立的革命斗争中可歌可泣的英雄故事。如江姐一样的革命烈士，怀抱着对新中国的企盼、对人民当家作主的期望、对共产主义的坚定信仰，英勇斗争、壮烈牺牲。生命是有限的，但生命的意义是无限的。革命英雄的身躯可以被毁灭，但革命者的意志无法被摧毁并一直传承！

江姐的故事，将会一代一代讲下去，因为我们不会忘却英雄、不会忘却历史。更因为，英雄的故事、事迹，正指引着我们不断前行！

人物简介：

江竹筠（1920 年 8 月 20 日—1949 年 11 月 14 日），中国共产党地下时期重庆地区组织的重要人物，四川省自贡市大山铺镇江家湾人，为中国共产党追认的女烈士。

1939 年加入中国共产党。1945 年与彭咏梧结婚，婚后负责处理党内事务和内外联络工作，同志们都亲切地称她为江姐。1948 年，江竹筠接任彭咏梧工作。1948 年 6 月 14 日，江竹筠在万县被捕。在狱中受到酷刑迫害，始终坚贞不屈。1949 年 11 月 14 日，被国民政府军统于渣滓洞监狱杀害并毁尸。

知识链接：

江竹筠于 1945 年与彭咏梧结婚，婚后协助负责中共重庆市委地下刊物《挺进报》的组织发行工作。《挺进报》属于中共重庆市的机关报，1947 年，由于重庆消息闭塞，白色恐怖加剧，几个与组织失去联系的中共党员和进步青年尝试通过办报纸解决这个困境，因而诞生了《挺进报》。当时负责《挺进报》的重庆市市委分工领导是彭咏梧（江竹筠的丈夫）。《挺进报》主要的发行渠道是各级党组织的地下传递，一小部分是邮寄。在当时白色恐怖的氛围下，该报的出现给当时的党组织和进步青年注入了一剂强心剂，充分发挥了信息传递、宣传教育民众、鼓舞群众的作用。

深藏战功的人民功臣

——张富清

有了坚定的信念，就不怕死。

“我情愿牺牲，为全国的劳苦人民、为建立新中国牺牲。光荣，死也值得！”

这句肺腑感言，来自一位 95 岁高龄的老人——张富清。他为解放事业、为建立新中国立下赫赫战功。分别立下西北野战军特等功 1 次，一等功 3 次，二等功 1 次，两次荣获“战斗英雄”称号，荣获“人民功臣”奖章。

“历史不能忘记，军人的英勇牺牲行为永远值得尊重和纪念。”而张富

清老人没有以军功为资本，没有向国家和人民索取哪怕一丁点回报。1955 年他转业后，选择了深藏功名，投身湖北最艰苦、贫困的地区奉献智慧和力量，情愿一辈子就这么平凡度过。若不是 2018 年开展退役军人信息采集工作，也许我们永远不会去了解这位英雄的事迹。战功累累，却平淡无言，方显英雄本色。张富清坚守岗位、继续奉献，诠释出一个英雄的朴实淡泊；他信念坚定，听党话、跟党走，奠基了英雄的赤诚底色。

“包括抗战英雄在内的一切民族英雄，都是中华民族的脊梁，他们的事迹和精神都是激励我们前行的强大力量。”从张富清的事迹中，我们不禁要思考什么样的人才算得上真正的英雄，在新时代我们需要什么样的英雄，张富清给新时代英雄树立了怎样的榜样？

2019 年 4 月 21 日，习近平总书记对张富清同志先进事迹作出重要指示强调，老英雄张富清 60 多年深藏功名，一辈子坚守初心、不改本色，事迹感人。在部队，他保家卫国；到地方，他为民造福。他用自己的朴实纯粹、淡泊名利书写了精彩人生，是广大部队官兵和退役军人学习的榜样。要积极弘扬奉献精神，凝聚起万众一心奋斗新时代的强大力量。习总书记的指示很好地解答了为什么在新时代亟需树立张富清这样的“老英雄”。

战斗英雄，人民功臣

“以龙虎之姿，遭风云之时。”张富清身处中华民族危亡之际，建功名于新中国雏形之时。

张富清留存的《立功登记表》记录了他在西北野战军四次立功经过：1948 年 6 月，在壶梯山战役中任突击组长，攻下碉堡 1 个、杀敌 2 名、缴获机枪 1 挺，获师一等功；1948 年 7 月，他带领突击组 6 人，在东马村消灭外围守敌，占领一个碉堡，自己负伤不下火线，获团一等功；1948 年 9 月，他作为班长，在临皋执行搜索任务，完成了截击敌人的任务，迅速消灭了敌人，获师二等功；1948 年 10 月，他作为班长，在永丰战役中带突击组，夺取敌人碉堡 2 个，缴机枪 2 挺，打退敌人数次反扑，坚持到天明，获军一等功。

伴随着功名一同而来的，是伤痛和牺牲。永丰战役中，张富清在夺取敌人碉堡的过程中，被飞来的子弹掀翻头皮，鲜血飞溅满脸却顾不上包扎处理，以致留下伴随终生的伤病。攻下碉堡后，一同前行的 2 名战友再也找不见踪迹，战友的音容笑貌从此变成回忆。真正该称颂、敬仰的，不是战斗英雄、人民功臣这个荣誉，而是背后无数战友同袍，革命先烈抛头颅、洒热血的壮烈事迹和精神思想。

英雄无言，深藏功名

“英雄者，国之干；庶民者，国之本。”人民是历史的创造者，人民是真正的英雄。张富清战功卓著，不愧为英雄，堪称国家栋梁、民族躯干。但英雄无言，他没有炫耀功绩，而是深藏功名，归于平淡，来自人民，回到人民中，不做“战斗英雄”，选择做创造历史的“平民英雄”。

“伟大出自平凡，英雄来自人民。”张富清用自己的朴实纯粹、淡泊名利，立起了共产党人的精神标杆。对于自己曾经立下的赫赫战功，张富清从来没有跟任何人提起，甚至连自己的家人子女都不知道。“我一想起和我并肩作战的战士，有多少都不在了，比起他们来，我有什么资格拿出立功证件去显摆自己啊，我有什么功劳啊，我有什么资格拿出来，在人民面前摆啊……”

张富清始终认为党和国家给予自己的名誉、功章是并肩作战的战友们一起的，自己只是暂时替他们领取，绝不会用它去炫耀，甚至换取好处。他更愿意默默地将一切放在心里，清明节拿出功章流泪回忆，然后继续一位平凡人的生活、工作。

甘于平凡，敬业奉献

“大丈夫处其厚，不居其薄；处其实，不居其华。”张富清就是这么朴实纯粹，为祖国、为人民干点实事、做点贡献就是他认为的“厚”、认定的“实”吧。所以在战斗生涯结束后，他没有躺在功劳簿上邀名要利，而是选择了在平凡的岗位上夙夜在公、甘于奉献。

1955年初，已是连级军官的张富清面临转业选择，他毅然选择条件最为艰苦的湖北恩施来凤县。“这里苦，这里累，这里条件差，共产党员不来，哪个来呀！”

张富清始终以共产党员的标准严格要求自己，以祖国和人民的需要为工作指导，他先后在来凤县粮食局、三胡区、卯洞公社、外贸局、建设银行等单位勤恳工作，远离故土，不争名利，把余生献给来凤。

跟着党走，信念坚定

“理想因其远大而为理想，信念因其执着而为信念。”张富清的理想信念不是一蹴而就，而是来自他对时代的切身体验，在遭受人生际遇后作出的光荣选择。

张富清生于陕西汉中洋县贫农家庭，父亲和长兄很早过世，母亲一人抚养 4 个孩子实为不易，因此他从小饱尝艰辛，15 岁就给人做长工。后来顶替家中仅有的壮劳力二哥做了国民党的壮丁，在国民党部队中被指派做些喂马、洗衣、打扫等杂役，稍有不慎就会遭到皮鞭抽打。直到国民党部队被西北野战军歼灭，他毅然选择加入人民解放军。

“我早已受够了国民党的黑暗统治，我在老家时就听地下工作者讲，共产党领导的是穷苦老百姓的军队。”作为西北野战军第二纵队 359 旅 718 团 2 营 6 连的战士，经历血与火九死一生的考验后，张富清更加清楚为谁打仗、为什么打仗，信念在他心中慢慢形成。

英雄精神是一种坚定的精神信仰。张富清 1948 年 3 月参军，因作为突击队员表现突出，8 月被推荐入党，成为一名共产党员。“党需要我到哪里去，我就到哪里去”“随时准备为党和人民牺牲一切”的崇高信仰始终指引着他的军旅生涯和平凡工作。

习近平总书记指出：“要充分发挥功勋的精神引领、典型示范作用，推动全社会形成见贤思齐、崇尚英雄、争做先锋的良好氛围。”

2019 年 6 月 17 日，中央宣传部在湖北省来凤县向全社会公开发布张富清同志的先进事迹，授予他“时代楷模”称号。2019 年 6 月 27 日，中共中央授予张富清同志“全国优秀共产党员”称号。

这表彰背后，更有国家大力弘扬英雄主义精神，号召全体人民勠力同心为实现“两个一百年”和中华民族伟大复兴而努力奋斗的殷切希望。

在新时代，我们要学习老英雄树立崇高信仰，听党话、跟党走的坚定信念；也要学习老英雄甘于平凡、敬业奉献，在平凡岗位上苦干实干、到艰苦地方建功立业的精神；还要学习老英雄清廉自守、克己奉公、清白做人、干净做事，永葆共产党人的政治本色。

人物简介：

张富清，陕西洋县人，1924 年出生。1948 年参加中国人民解放军，同年加入中国共产党。在解放大西北系列战斗中作为突击队员战功卓著，荣获“战斗英雄”称号和“人民功臣”奖章。1955 年转业到湖北省恩施土家族苗族自治州来凤县工作，直至 1984 年离休，深藏功名。在 2018 年的退役军人信息采集工作中，张富清同志的英雄事迹被发现，中央宣传部授予“时代楷模”称号，中共中央授予“全国优秀共产党员”等称号。

知识链接：

1950 年，西北军政委员会为了表彰在解放大西北中作出贡献的官兵，决定颁发人民功臣奖章，并制定公布了《解放大西北人民功臣奖章条例》。“人民功臣”奖章是我军在西北地区的最高奖章，所授对象是在西北作战两年的西北野战军指战员或不满两年但功劳巨大（立有一等功）的西北野战军指战员。张富清同志在解放大西北系列战斗中英勇善战、战功赫赫，荣获“人民功臣”奖章。

铁血钢骨的战斗英雄

——董存瑞

为了新中国，冲啊！

横一道梁，国之栋梁；竖一根柱，擎天之柱。从驻守边疆的边关战士到战斗在汪洋大海上的威武海军；从几十年前的浴血奋战到当今的为宏伟中国梦服务；从血染疆场的杨靖宇、董存瑞、刘胡兰到致力新中国建设的铁人王进喜再到排雷英雄杜富国，为了心中的新中国，英雄战士们时刻拼搏着，不断努力着。

60多年前的电影《董存瑞》中董存瑞的扮演者张良曾说：“在我心中，

董存瑞精神可以用这八个字来表示——舍身报国、无私奉献。”这八个字饱含了董存瑞对国家、对人民的热爱。党教育我们每一位战士要为人民服务、把人民放在心里。任何艰苦的环境，任何困难我们都要克服，这是我们每位解放军战士必须要有的品质。

自“九一八”事变开始，战乱不断，人民生活在水深火热之中。在那炮火连天的年代，只读过一年书的董存瑞自小便参加儿童团并成为儿童团团长。13 岁本应该是读书报国的年纪，董存瑞却开始了不平凡的英雄之路。他 13 岁时，因掩护区委书记躲过侵华日本军队的追捕，被誉为抗日小英雄。都说时势造英雄，这也不无道理，当时的时局对董存瑞的成长产生了重大影响，也开始铸就他的英雄之路。15 岁，董存瑞成长为一名出色的小民兵。区委书记兼武委会主任王平来到董存瑞的家乡南山堡，多住在他家里，给他讲了许多战斗故事。一次王平在县里开会，返回途中被敌人包围，与敌人同归于尽。董存瑞听到噩耗，悲愤不已，毅然加入了民兵组织。英雄的精神可以影响许多人，英雄的故事可以感化许多人。正是在王平的影响下，董存瑞的心里才埋下了英雄主义的种子。1945 年春，董存瑞参加了当地抗日自卫队，同年 7 月参加了八路军，成为一名人民军队的战士，历任副班长、班长。1946 年 4 月初，在察北重镇独石口遭遇战中，他夺下国民党军的一挺机枪，记大功一次，被授予勇敢奖章。1947 年 3 月，在平北整训期间，董存瑞加入中国共产党。

1948 年 5 月初，董存瑞所在部队参加冀热察战役。隆化县城拱卫着热河省会承德，对方部队事先在这里修筑了大量碉堡，有些特殊构筑的暗堡被称为“模范工事”。在解放隆化县的战斗中，因部队受阻于对方军队的桥型暗堡，董存瑞毅然抱起炸药包，冲至桥下。因身边无处安放炸药包，紧急时刻，董存瑞用自己的身体充当支架——左手托起炸药包，右手拉燃了导火索，舍身炸碉堡。在这次的战役中，董存瑞付出了年轻的生命，当时他未满 19 岁。

18 岁，许多同龄人应该还在教室里读书，还在憧憬着未来。可是在那个年代，18 岁的董存瑞却为了新中国的解放义无反顾地献出生命。何等气魄，何等精神！能让其置生死而不顾的是对新中国的渴望，是对信仰的追求。“为了新中国，冲啊！”这是他最后的呐喊，也是他内心的呼唤。虽然他在这场战役中倒下了，但是董存瑞精神却成为我们的永久财富。

“高山仰止，景行行止，虽不能至，然心向往之。”“为了新中国，冲啊！”，无数仁人志士为了这句话献出了生命，还有无数胸怀天下的同志为了这句话仍在奋斗着。每个人都有自己心目中的英雄，每个人都有自己心目中的中国梦，每个人都是追梦人。为了一个更好的中国，我们需要董存瑞这种舍身报国、无私奉献的英雄主义。

个人简介：

董存瑞（1929 年 10 月 15 日—1948 年 5 月 25 日），河北省怀来县人，中国人民解放军东北野战军第 11 纵队 32 师 96 团 2 营 6 连 6 班班长，先后荣立大功三次、小功四次，荣获勇敢奖章三枚、“毛主席奖章”一枚。1948 年 5 月 25 日，在解放隆化县的战斗中英勇牺牲，当时未满 19 岁，所在纵队追授他“战斗英雄”“模范共产党员”称号，命名他所在班为“董存瑞班”。2009 年 9 月 10 日，董存瑞被评为“100 位为新中国成立作出突出贡献的英雄模范人物”。

知识链接：

冀热察战役是解放战争时期，中国人民解放军华北军区第 2 兵团在河北、热河、察哈尔三省边界地区及平汉铁路北段对国民党军进行的运动战战役。1948 年春，东北国民党军 55 万余人被东北人民解放军分割在长春、沈阳、锦州。蒋介石为挽救东北危局急调整编第 54 师由山东青岛驰援锦州，并企图抽调华北国民党军增援东北。晋察冀军区遵照中共中央军委关于拖住华北国民党军，决定由野战军司令员杨得志、政治委员罗瑞卿率所属向热河省西部、河北省东部地区挺进，调动和寻歼国民党军；由野战军第二政治委员杨成武率第 6、第 7 纵队和第 2 纵队主力在保定地区配合作战。

挡在敌人枪口前的不朽身躯

——黄继光

当党需要我的时候，我保证毫不犹豫地献出我的生命，决心用苏军马特洛索夫的英雄气概，去赢得战斗的胜利。

习近平在颁发“中国人民抗日战争胜利 70 周年”纪念章仪式上说：“一个有希望的民族不能没有英雄，一个有前途的国家不能没有先锋。”“诚既勇兮又以武，终刚强兮不可凌。身既死兮神以灵，魂魄毅兮为鬼雄。”战斗英雄更是一个国家珍贵的精神财富。在硝烟弥漫的战争岁月里，他们信仰坚定、视死如归，彰显出中华民族威武不屈的浩然正气。在国泰民安的今天，枪林弹雨的战争虽然离我们远去，但战斗英雄的精神却没有离我们远去，仍不断地在人们心里生根发芽，成为一种信仰。他们的光辉事迹和崇高品质依然激励着中华儿女前仆后继，砥砺前行，攻坚克难，带领着中华民族走向复兴。

1950年10月25日，志愿军打响了入朝的第一仗，拉开了抗美援朝战争的序幕。在这场长达三年的抗战中，中国人民志愿军浴血奋战，涌现出了一个又一个舍身为国、英勇杀敌的战斗英雄。黄继光就是其中之一。他在上甘岭战役中，舍身堵枪眼，用血肉之躯树起了一座不朽的丰碑。他的壮举激励和影响着一代又一代的年轻人。他奋不顾身、视死如归的英雄气概感天动地，在近代中国人民对抗外来侵略的篇章中书写了浓墨重彩的一笔。

1931年1月8日，四川省中江县发财垭村，一个叫黄德仲的农民家里传出新生儿的啼哭声，他就是后来朝鲜战场上的特级战斗英雄黄继光。黄继光生长在受尽地主阶级压迫的年代，父亲早早去世，10岁的他就开始给地主打工，受尽地主的残酷剥削和野蛮压迫。1949年11月，黄继光的家乡解放了。解放军的文艺宣传队在大街上打腰鼓、扭秧歌，胜利的歌声到处飘扬。此时，还在中江县城面馆跑堂的黄继光也眉开眼笑，沉浸在欢乐的氛围里。后来，他积极参加清匪反霸斗争，曾带领民兵活捉逃亡地主，搜出伪保长私藏的枪支弹药，两次被评为模范民兵，还被选为村儿童团团长。

1950年在家乡当民兵时，黄继光就曾机智勇敢地抓获过一名逃亡地主，轰动全村。3月，中江县征集志愿军新兵时，黄继光在村里第一个报了名。体检时，起初他因身材较矮并未被选中。其实，这一年他已经19岁了，积年累月的辛苦劳动加上营养不良，使得他的身体很单薄，个头也不高。来征兵的营长被黄继光参军的热情所感动，同意破格录取，这位营长相信这样可爱的、有热情的小战士经过部队的锻炼会飞速成长起来的。

黄继光随部队跨过鸭绿江，到朝鲜前线后，被分配到第十五军第一三五团二营六连任通信员。他进入战场的腹地，到处是累累弹坑，一片焦土，空气中散发着浓重的火药味，黄继光心中充满了对侵略者的仇恨和怒火，恨不得马上加入战斗，消灭敌人。连队战斗时分为前沿和后勤，根据需要，黄继光与副指导员被留在后勤。本想上前沿阵地多杀敌人的黄继光心里就像打翻了五味瓶，很不是滋味。黄继光从参军的第一天起，就想杀敌立功。经过副指导员细致的思想工作，黄继光明白了后勤工作的重要性，样样工作都干得很出色。他除了干好通信员工作，还经常到班里向战士们学习手榴弹、手雷、自动步枪等武器的使用方法，多次受到连长表扬。1952年7月他加入中国新民主主义青年团，因作战勇敢，荣立三等功一次。

上甘岭位于五圣山上，是志愿军中线的大门，也是扎进“联合国军”

心窝的一把钢刀。1952 年 10 月 14 日，“联合国军”开始向上甘岭 597.9 高地和 537.7 北山高地发动疯狂进攻。在不到 4 平方公里的高地上，“联合国军”动用两个师的兵力，在飞机、坦克、大炮的配合下，连续发动进攻。志愿军与“联合国军”展开了激烈的争夺战。10 月 19 日晚，黄继光所在的二营奉命向上甘岭右翼 597.9 高地反击，必须在天亮前占领阵地，为整个反击战的胜利奠定基础。“联合国军”设在山顶上的集团火力点，压制住志愿军反击部队的前进。营参谋长命令六连组织爆破组炸掉它。六连向敌军发起五次冲锋，一个又一个战友倒下却仍未能摧毁敌军火力点，而这时离天亮只有 40 多分钟了，时间就是生命。在这关键时刻，站在营参谋长身旁的黄继光挺身而出。他掏出早已写好的决心书交给参谋长，恳切地说：“把任务交给我吧，只要我有一口气，保证完成任务。”黄继光在决心书上写道“坚决完成上级交给的一切任务，争取立功当英雄，争取入党”。营参谋长转过身，沉思片刻，面对黄继光坚定地说：“黄继光，这次任务就交给你。我任命你为六连六班代理班长，一定要完成任务。”

黄继光接受任务后，立即提上手雷，带领两名战士向敌军的火力点爬去。他们在照明弹的亮光下巧妙地前进，当离敌军火力点只有三四十米时，一名战士牺牲，另一名战士负重伤。黄继光的左臂被打穿，血流如注，面对敌人的猛烈扫射，他毫不畏惧，忍着伤痛，仍然一步不停地向敌军火力点前进。在距敌军火力点八九米的时候，他举起右手将手雷接连投向敌军，但由于敌军火力点太大，只炸毁了半边，当部队趁势发起冲击时，残存在堡内的机枪又突然疯狂扫射，志愿军反击部队的冲锋受到阻止。这时，黄继光再次负伤倒下。天就要亮了，这时黄继光身边已无弹药，身体又多处受伤，他顽强地爬向火力点，冲着敌军狂喷火舌的枪口，挺起胸膛，张开双臂，扑了上去。刹时间，敌军正在喷吐的火舌熄灭，正在吼叫的机枪哑然失声。黄继光用年轻的生命为部队开辟了胜利前进的道路。

在黄继光英勇壮举的激励下，部队高喊着“冲啊！为黄继光报仇！”踏着黄继光爬行过的道路，很快占领了阵地。战友们冲上“零号”阵地时发现，黄继光敦实的身躯仍然压在敌人的射击孔上，他的手还牢牢地抓着周围的麻袋，宽阔的胸膛还紧紧地堵着敌人的枪口……黄继光的腿已经被打断，身上有七处重伤，他的身后有一道长长的血印。无法想象在最后时刻，黄继光是以何等坚强的毅力，拖着重伤的身躯，爬到敌人的地堡前，又一跃而起用自己的身躯抵挡敌人疯狂的子弹的。

上甘岭战役结束后，指导员冯玉庆在整理黄继光遗物时，在他随身携带的日记本里发现了几张被鲜血染透的信纸，信纸已经被粘在一起。首先映入指导员眼帘的是一份《入党申请书》，申请书写道：“自从入伍以后，我思想上有了很大提高。……特别是在这次光荣的反击战中，让党看看我是否能做一个党的儿子，在战斗中，我一定要机智勇敢地消灭敌人……”指导员又看到了黄继光写给母亲和弟弟的告别信，信中没有悲伤，没有哭泣，而是充满了必胜的信心。

抗美援朝战争结束后，“上甘岭”一词已成为我军英勇顽强的代名词，黄继光，这个顶天立地的英雄也和“上甘岭”一起被人们永远铭记。在常人难以想象的火海弹雨中，正因为我们拥有无数个像黄继光这样的英雄，志愿军才能够打退拥有世界上强大火力的侵略者。黄继光满怀对新中国的热爱，在战斗中敌方火力点久攻不下的关键时刻，主动请战、顽强战斗、英勇不屈，舍身用胸口堵住敌人枪眼。他的这一英雄壮举，在侵略者面前表现出大无畏的英雄气概，英勇地捍卫了国家和民族的尊严，激励和教育了几代人。

英雄之所以被称之为英雄，是因为他们在面对危险乃至生死攸关的时刻，最先想到的不是自己的生命，而是人民、国家和民族的利益。他们无私忘我，敢为人先，“为有牺牲多壮志，敢教日月换新天”。在中华民族的历史长河中，英雄人物数不胜数，他们用意志和身躯撑起民族的脊梁，他们用秉性和血液铸就不朽的丰碑。“天地英雄气，千秋尚凛然”，在社会主义发展的新时期，在我国综合实力日益强盛的今天，我们要不断深入地研究和学习这些英雄的英勇事迹，传承和发扬他们的高尚品质，更要在自己的岗位和国家最需要的地方毫无保留地贡献出自己的力量，秉承英雄主义，争做中华民族伟大复兴征程上的英雄，“喜看稻菽千重浪，遍地英雄下夕烟”。

人物简介:

黄继光（1931 年 1 月 8 日—1952 年 10 月 20 日），1931 年生于四川省德阳市中江县。1952 年 10 月 20 日在上甘岭地区执行任务时壮烈牺牲，年仅 21 岁。中国人民志愿军领导机关给他追记特等功，追授“特级英雄”荣誉称号，朝鲜民主主义人民共和国追授他英雄称号和金星奖章、一级国旗勋章，他的遗体安葬于沈阳抗美援朝志愿军烈士陵园。

知识链接:

黄继光纪念馆是为纪念中国人民志愿军“特级英雄”黄继光烈士建立的纪念馆，位于四川省德阳市中江县凯江镇东河路下段 1 号——城东魁山脚下，占地面积 1.6 万平方米，由纪念性景区、陈列展览区和办公服务区组成。

纪念性景区位于全馆中间，有门厅、中朝友谊亭和主题浮雕等纪念性建筑。门厅是中国古代牌楼式建筑，上方金字大匾镌刻着董必武同志题写的馆名——黄继光纪念馆。黄继光扑向敌人枪眼瞬间的雕像跃立在 15 米的高层平台上，邓小平题字“特级英雄黄继光”刻在雕像下，题字下镶有

5幅汉白玉浮雕反映黄继光生平事迹：送子参军、请战、上甘岭激战、欢庆胜利、怀念英雄。平台两侧为中朝友谊亭，内悬董必武和郭沫若题写的对联。

陈列展览区由5个陈列室组成，通过500余件实物、图片、组画和模型展出黄继光烈士的生平、英雄事迹、遗物、朝鲜赠送的礼品、金日成主席的题词和中国党政机关及领导同志的题词。介绍黄继光成长为特级英雄的光辉历程，歌颂他胸怀全局、奋不顾身的大无畏气概，展示他高度的爱国主义、国际主义和革命英雄主义精神。

该馆是全国爱国主义教育示范基地、四川省爱国主义教育基地。

试飞英雄

——王昂

试飞是党交给我的任务，我是共产党员，应该去努力完成。

郁达夫说："一个没有英雄的民族是不幸的，一个有英雄却不知敬重爱惜的民族是不可救药的。"我们何其有幸，在漫长的历史长河中，涌现了许许多多的英雄，他们犹如一颗颗灿烂的珍珠，闪闪发光。屈原、霍去病、郑和、林则徐、鲁迅、王进喜……这些闪闪发光的名字，不断激励着后辈们，去努力、去学习、去实践，共同创造一个美好而强大的祖国。我们敬重爱惜英雄，也在日常工作中学习英雄的精神，爱岗敬业，在平凡的工作岗位中闪闪发光。

中国空军试飞员队伍成立初期，以滑俊、王昂等人为代表的老一辈试飞员白手起家、艰苦创业，凭着对祖国的无限热爱、对事业的执着追求，在科技落后、生活条件艰苦的情况下，和科研技术人员一起，刻苦钻研、顽强拼搏，推动了飞机国产化的步伐，使中国航空业一步步摆脱受制于人的状况，并且迅速发展壮大。王昂用他的热爱和专注，在中国国防航空工业的发展史中，书写了浓墨重彩的一笔，为中国航空科研、制造、试飞事业跨入世界先进行列作出卓越贡献。

1935 年王昂生于上海。王昂是家中独子，父亲双目失明，母亲长期瘫痪，家庭的困难没有阻挡王昂对航天事业的热爱，从小就怀有飞行梦想的王昂，终于在 18 岁那年考入了北京航空航天大学的前身——北京航空学院。1958 年，我国决定培养第一批大学生试飞员，成绩优异、视力过关的王昂顺利入选到空军航校开始学习飞行。1961 年，26 岁的王昂穿上军装，光荣地成为空军部队的一名飞行员。

然而由于当时中苏关系破裂和国家自然灾害发生，加之我国航空工业发展水平有限，王昂和同学们没有什么新飞机可以飞，试飞员的梦想只能暂时搁在一边。一直到 1966 年，随着我国国防航空工业逐渐有了起色，已经结婚生子的王昂，在中国飞行试验研究院的邀请下，才携妻带女，坐上开往陕西阎良的绿皮火车，开启了他的科研试飞事业。年迈的父母，幼小的孩子，一家六口，全靠王昂和妻子操持。王昂克服困难，没有被家务牵绊，他也将自己的生死置之度外。王昂说："试飞是党交给的任务，我是共产党员，应该去努力完成。"王昂不仅克服了家庭的困难，也克服了自身的困难。王昂曾患有心脏间歇停跳的疾病，为了能多飞几年，他十分注意生活的规律化，坚持锻炼身体，几乎天天早起跑步三四千米。由于工作的需要，王昂直到 75 岁才退休。几十年一路走来，从他的身上，可以看到新中国航空事业的发展足迹：从跟踪仿制到自主创新，从与世界先进航空工业发展水平有代差到同台竞技……

王昂说："在那个年代，所谓艰苦就是我们的条件艰苦，我们试验设施落后，主要是靠人去拼去，去飞去！"尽管当时试飞院的条件十分简陋，但王昂心怀对航空事业的满腔热忱，在阎良一待就是 20 年。这期间，由于试飞的全都是未定型列装的新战机，为了找准存在的隐患和问题，飞出战机的极限性能，王昂和战友们一次次与死神擦肩而过。1970 年 6 月，歼 8 飞机 01 架转场至阎良 630 所进行试飞。歼 8 是我国第一次搞自主创新的二代飞机，在试飞过程中出现了很多险情，但是王昂竭尽所能，在试飞结束后都带着飞机活着回来。1976 年 5 月 28 日，王昂驾驶着歼 8 按预定计划进行试飞，然而飞机冒烟着火，为了保住这架“独生子”，王昂坚持不跳伞，克服险情，坚持带着飞机回来，保住了飞机，并查明了起火原因，促进了歼 8 后机身的通风隔热改进工作。歼 8 飞机最终试验成功、列装部队，是我国航空工业在自行设计道路上取得的第一次成功。

歼 6 型战斗机是国产第一代喷气式战斗机。在歼 6 性能定型试飞的攻坚阶段，飞机“俯仰摆动”问题成了前进路上的一只“拦路虎”。王昂冒着生命危险试飞，找到了问题的难点——飞机力臂调节器。作为空军的主战飞机之一，无数飞行员操纵过歼 6，但年轻的飞行员鲜有人知道，那根看上去并不特别的飞机驾驶杆，是一名试飞员冒着生命危险试飞出来的。1980 年 1 月 3 日，中央军委授予空军试飞团两位副团长滑俊、王昂“科研试飞英雄”荣誉称号，并颁发一级英模奖章。

1986 年，国家重大专项工程新歼机 10 号工程立项，这就是后来震惊世界航空界的歼 10 飞机。王昂再次受命，出任新歼击机的行政总指挥。1998 年 3 月 23 日，歼 10 首飞成功。从立项研制到首飞成功，历时 13 年。歼 10 的研制成功，是中国航空工业史上里程碑式的壮举，是我国自行设计制造的第三代战斗机，从立项设计到最终定型完成，王昂参与、指导、领导了全过程。国外同等型号的飞机在试验过程中的重大事故率是 100%，而歼 10 在长达 6 年的飞行试验中，从未发生重大人机事故，创造了世界航空史上绝无仅有的奇迹。

王昂用他的一生践行着他的科研试飞梦，将自己的梦想和祖国的强大紧紧联系在一起，他实现了他儿时最大的愿望："将来我要造出中国自己的飞机，让英雄们驾驶着国产战机保卫祖国的蓝天。"王昂不仅完成了试飞员的梦想，也见证了祖国航空事业的发展。"爱岗敬业、无私奉献"是这位老人对航天事业的热爱，我们也应该学习这种精神，在自己热爱或者从事的行业中，不惧艰辛，刻苦钻研。我们要紧跟时代，把自己的命运与企业、与国家相连，干一行、爱一行，忠于职守才能有所作为。只有不忘初心，撸起袖子加油干，才能勤业敬业、尽职尽责，有所成绩。

人物简介：

王昂，1935 年出生于上海市，我国第一批大学生飞行员，国家第一代空军试飞员，曾任航空航天工业部副部长、中国航天工业第一集团公司科技委主任；先后荣立二等功 1 次、三等功 4 次，获“一级英模勋章”，1980 年被中央军委授予“科研试飞英雄”荣誉称号。

知识链接：

试飞指在飞机交付使用之前，对飞机进行飞行测试，采集飞机飞行数据，使飞机在交付之前处于最稳定的飞行状态，保证飞机飞行结果的准确科学。飞机的飞行试验从飞机在世界上首次飞行就开始了。在第一架飞机上完成首次飞行的飞行员就成为第一个试飞员。

现代意义上的试飞，主要包括型号试飞和科研试飞。

型号试飞又分为调整试飞和定型试飞。在调整试飞中，试飞员的工作就是初步验证飞机的功能和性能，暴露飞机及其各系统的缺陷和故障，把新型飞机各系统调整到可以正常工作，为定型试飞打下基础。定型试飞就是以新机定型为目的鉴定试飞。

科研试飞又包括预研试飞和演示验证试飞。其中预研试飞是针对一些未完全认识或掌握的航空技术而进行的研究性、探索性试飞。演示验证试飞是指针对一项或某几项航空新技术，在经过地面充分分析和试验后，通过试飞来验证是否达到预定的功能和指标。

大漠铸核盾，生命写忠诚

——林俊德

马兰精神很重要，艰苦奋斗、无私奉献，希望大家继承马兰精神，让国家、人民尊重我们。我死后，把我埋在马兰。

马兰，一种在“死亡之海”罗布泊大漠中仍能扎根绽放的野花。请把我埋葬在马兰——这是林俊德院士临终前的交代。正如《感动中国》颁奖词所写：“大漠，烽烟，马兰。平沙莽莽黄入天，英雄埋名五十年。剑河风急云片阔，将军金甲夜不脱。战士自有战士的告别，你永远不会倒下！”这位大漠将军为我们展现了无数奋斗在科研前线的战士们的铁骨柔情。

林俊德生于1938年，福建永春人，是我国爆炸力学与核试验工程领域著名专家、总装备部某试验训练基地研究员，同时也是一名令人钦佩的将军。将军早年由政府资助完成学业，立誓报效祖国。在入伍的五十二年中，他参加了我国全部的核试验任务，为国防科技和武器装备发展倾尽心血。在癌症晚期，他仍以超常的意志工作到生命的最后一刻。

矢志报国，终身不渝

林俊德院士出身贫苦，靠着政府的资助完成了中学和大学学业。他怀有一颗感恩之心，始终感激党和政府对他的培养，不管人生的道路有多少曲折，不管生活的环境有多么艰苦，不管事业的发展有多少坎坷，他都怀着终身不渝的爱国情怀，一如既往，奋勇向前。

1960 年，林俊德大学毕业后参军入伍，从此隐姓埋名，成为新中国核试验科研队伍中的一员。1964 年 10 月 16 日，张爱萍将军依据林俊德测得的冲击波数据，向周恩来总理报告我国首颗原子弹爆炸成功。

1987 年，他把冲击波测量技术成功应用到常规兵器试验中，带领项目组发展了声电报靶技术、声电落点定位技术，解决了国际上大面积立靶自动检测的难题，研制的设备系统已装备于我国多个试验靶场和公安部门的射击训练场；20 世纪 90 年代，他及时启动核试验地震、余震探测及其传播规律研究，全面收集分析全球地震数据，把地下核试验应力波测量技术向核试验地震核查技术拓展，为我国参与国际禁核试核查赢得了重要发言权；2001 年当选院士后，他主动承担某重大国防科研实验装备的研制任务，带领攻关小组连续攻克方案设计、工程应用、实验评估等难关，最终取得了关键技术的重大突破，研制了适合各种实验要求的系列重要装备。

五十二载扎根大漠，数十年隐姓埋名，林俊德为铸造大国和平之盾立下了汗马功劳。世界核爆史上，记载着这样的一组数字：美国和苏联先后进行了上千次核试验，法国也进行了 200 多次，而中国，只用了 45 次核试验，便实现了既定目标。可以说，几十年来，林俊德始终把自己的命运与国家的命运紧紧地联系在一起，舍身报国，一生报国，当了一辈子的无名英雄。正是因为有了他的无私奉献，我们的国防才更加稳固，我们的民族才更加扬眉吐气。

爱岗敬业，呕心沥血

在生命的最后三天中，林俊德与死神展开了一场争分夺秒的赛跑：整理电脑资料，批改科研论文，两次召集课题组成员交待未完成的任务，把自己的学术思想和技术思路留给后人。而在给家人的留言里，却是一片空白，对于自己的后事，只交代了一句话：把我埋在马兰。

普通人很难理解林俊德在生命最后关头这种决然的选择：拒绝化疗，拒绝手术。已经忘我工作五十二年、在自己的科研领域立下了卓越功勋的院士，为何在生命的最后时刻，还工作得这样匆忙？

众所周知，核技术是国家安全的后盾。林俊德一辈子在核试验技术领域自主创新，勇攀高峰，创造出一系列令世界瞩目的“中国速度”“中国效率”。

作为我国爆炸力学领域的开拓者和领军人，林俊德近几年一直致力于思考和谋划基地爆炸力学技术的发展路线图。这个路线图直接关系到我国国防科技和武器装备建设的长远发展。因此，对于林俊德来说，这比自己的生命更重要。所以，在生命的最后时刻，他仍然以战士的姿态殚精竭虑地工作着。

林俊德把工作和人生完全重合、融合于一体。他临终前说：“我一辈子只做了一件事，就是核试验，我很满意，我本事有限，但是尽心尽力。”人的一生是短暂的，尽心尽力做好一件于国家、于社会、于人民有意义的事，就非常不简单。一个人的能力有大小，力量也有限，但“尽心尽力”谈何容易，这就是林俊德院士精神的精髓所在。因为信念坚定，所以步履坚实。林俊德真正为国家和人民尽了力，用实实在在的行动为振兴中华作出毕生贡献。

潜心科研，求实创新

科研的核心是创新，搞科学就是搞创造。从原子弹到氢弹、从大气层到地下，核试验任务多次转型；从技术员到室主任、从科技委副主任到总工程师、从普通科技人员到中国工程院院士，林俊德的角色多次变换，但他始终盯着科技前沿。20 世纪八十年代初，为适应地下核试验爆炸力学测量和研究的需要，该基地决定研制某力学装置。当时，该技术在国内外已很成熟，有人主张照搬别人的设计。林俊德力排众议、独辟蹊径，对最为关键的发射机构进行了大胆创新，变国际上常用的火药驱动为气体驱动，成功研制出高效、安全、环保的力学实验装置，核心部件获得国家发明奖。

求真求实、一丝不苟是林俊德毕生遵循的做事准则，他的科研词典里容不得“将就”“差不多”“应该是”这样的词汇。凡是实验中的关键环节，他都精细把关，特别是核心仪器设备，坚持全程在车间督导生产，当产品精度达不到要求时，就亲自动手反复修正完善，直到设计出允许公差的最小值。

林俊德有“三不”原则：不是自己研究的领域不轻易发表意见、装点门面的学术活动坚决不参加、不利于学术研究的事情坚决不干。“三不”原则是一面镜子，让我们懂得了什么是真正的大师。

什么是真正的学术品格？ 2005 年，东北某大学以 20 万年薪盛情邀请他担任该校的名誉教授。林俊德说：“我们的研究领域虽然接近，可是距离太远，鞭长莫及的，我给不了什么指导，这挂名教授我还是别当了。”

林俊德参加学术会议也有自己的原则：只参加和自己研究领域相关的会议，参加了就必须作报告，报告内容绝不重复。

严于律己，朴素为本

林俊德常说：做人要知足。即使当了将军、院士，他的本色也一直没变。

他对工作严于律己、精益求精，在生活上却异常朴素。他家里的沙发和床是他用包装箱拆下的木板做成的；客厅里的小木椅是他利用家里的废木料，花了半天时间打制的；屋里的灯是他引了一根电线加一个灯管改造而成的；一个铝盆，修修补补留下5个“疤痕”；他的公文包用了20多年，陈旧得已辨不清颜色却一直拎着。他的母校浙江大学百年校庆时，曾赠他一块手表作为纪念，这块表林俊德一直戴着，旧得磨手了，就用透明胶粘上。他去世后，学生发现，除了军装，他没几件像样的便装，两件毛衣还打着补丁。林俊德的老伴黄建琴是马兰“核大姐”之一，在罗布泊工作了20多年，退休后一直在西安带孙子，很少回基地。2005年夏天，林俊德邀请老伴到基地附近的景区转转。基地领导要安排专人陪同，林俊德拒绝了。回到基地，他坚持拿出1万元作为用车消耗费……林俊德如此“吝啬”,却又分外“慷慨”。老战友在无锡聚会，林俊德说老战友转业早，工资不高，积蓄不多，他慷慨解囊；家乡要修建饮水工程，他寄去1万元；青海玉树地震，他悄悄捐了3万元……

林俊德说：支持我一辈子的就是诚恳，不侵害别人利益，对自己严格，对别人宽容。

淡泊名利，无私奉献

对于名利，林俊德只有一句话："看得透一些，也是一种积极态度。"一生隐姓埋名铸核盾，成就鲜为人知，林俊德最打动人的，是他淡薄名利的精神境界。他一辈子牢记党和人民的重托，鞠躬尽瘁，死而后已；他始终保持质朴的本色，求真求实、不图名利，为人师表、甘为人梯，展现出科学大家的风范，树立了一座精神丰碑。

林俊德主持完成了许多科研项目，但在排报名次时，他总是把自己往后放，说："干工作时可以叫上我，其他的就不用再考虑我了。"不仅如此，基地已经连续两次推荐林俊德申报何梁何利奖，但征求意见时，都被他婉言谢绝。

在住进西安唐都医院到去世的 8 天时间里，林俊德 9 次要求下床工作，在电脑上连续整理珍贵科研资料近 3 个小时，为祖国和人民拼尽最后一丝气力。

据参加第一次核试验的人们回忆，那个时候的林俊德有一股朝气勃发的劲儿；到生命的最后一刻，虽然年纪大了、人沧桑了，但他蓬勃的朝气、工作的热情一点没变。人们在想，是什么支撑着他走出了比 75 年更长的生命跨度?

在临终遗言中，林俊德说："马兰精神很重要，艰苦奋斗、无私奉献，希望大家继承马兰精神，让国家、人民尊重我们。"

创造了马兰精神、见惯了英雄的马兰人送给他一副挽联，为他送行：铿铿锵一生，苦干惊天动地事；淡泊一世，甘做隐姓埋名人。

爱国、奋斗、敬业、奉献，这样的信念已经融入了林俊德的生命。林俊德因此赢得了国家和人民的尊重。他是院士的楷模、将军的楷模、知识分子的楷模。他的崇高品德、优良作风、学者风范值得我们铭记并深入学习。

人物简介：

林俊德，福建永春人，中共党员，1938 年 3 月出生，1960 年 9 月入伍，总装备部某基地研究员、原总工程师，少将军衔，中国工程院院士，我国爆炸力学与核试验工程领域著名专家，2012 年 5 月 31 日 20 时 15 分病逝。入伍五十二年来，林俊德参加了我国全部核试验任务，为我国国防科技事业作出卓越贡献，曾获国家科技进步奖 3 项、国家技术发明奖 2 项、军队和部委级科技进步奖 20 余项，1999 年出席“两弹一星”突出贡献科技专家表彰大会，荣立一等功、二等功各 1 次，三等功 2 次。

知识链接：

20 世纪五十年代初，刚刚诞生的新中国面临着帝国主义的政治孤立、经济封锁、军事威胁和核讹诈。为打破帝国主义核垄断和武力威胁，以毛泽东同志为核心的党的第一代中央领导集体高瞻远瞩，审时度势，果断作出研制原子弹、发展我国核武器技术的战略决策。1958 年 9 月，中国核试验基地在新疆正式组建，因基地选址的戈壁滩上生长着马兰花，又称马兰基地。40 多年来，基地官兵以苦为荣，艰苦创业，成功地进行了多次不同方式、不同型号、不同威力的核武器试验，建起了中国精干、有效的核自卫力量，孕育了“艰苦奋斗、开拓创新、大力协同、无私奉献”的马兰精神。马兰精神是“两弹一星”精神的重要组成部分，是一代代马兰人用心血和汗水铸就中华人民共和国核盾牌的精神动力。

当代雷锋、时代楷模

——郭明义

简单就是做了一些简单的，甚至是微不足道的小事。但是这些小事，确实是我们生活在我们这个土地上的一些人的需要。

2014 年 3 月 4 日，习总书记在给“郭明义爱心团队”回信勉励中说道：“雷锋精神，人人可学；奉献爱心，处处可为。积小善为大善，善莫大焉。当有人需要帮助时，大家搭把手、出份力，社会将变得更加美好。我国工人阶级应该为全社会学雷锋、树新风作出榜样，让学习雷锋精神在祖国大地蔚然成风。希望你们努力践行社会主义核心价值观，积极向上向善，从‘赠人玫瑰、手有余香’中感受善的力量，以实际行动书写新时代的雷锋故事，为实现中国梦有一分热发一分光。”

爱心团队发起人郭明义生长在鞍钢一个矿工家庭，从小就崇拜雷锋，每天天不亮起床，提前到学校给同学们生炉子，把雷锋精神学习得有模有样。1977 年，郭明义报名参军，义无反顾地踏上运兵专列。

初到部队，满心欢喜以为能当驾驶员的郭明义却被安排到炊事班，得知消息的他略感失落，但转念一想，每个活都得有人干，干就把它干好了。于是，在天气异常寒冷的山沟里，战友们每天能看到早起一小时到小河沟凿冰取水，确保大家起来能吃口热乎饭的他；能看到空闲时间抢着包揽全排活的他；还能看到晚上打着手电筒，在被窝里自学汽车相关知识的他。第二年参加驾驶培训后，理论知识背得滚瓜烂熟，汽车电路图只凭记忆就能随手画出的郭明义，包揽了理论和实际操作两项第一。被调去汽车连后，郭明义凭借着过硬的技术本领，让连队 104 台车无论啥时候停放都是横竖一条线，车体表面擦得干干净净。

退伍前，他的行李中《雷锋的故事》对他来说格外特别，每当看到这本书，郭明义就会想到连长的那句话“小郭啊，你在部队是学雷锋标兵，回到地方后，可不能给部队丢脸，要沿着雷锋的路走下去”。五年的部队生涯，荣获“全师学雷锋标兵”称号的共产党员郭明义不仅带走了那本书，更是走上了时刻彰显英雄主义的人生路。

回到鞍钢齐大山铁矿后，郭明义先后从事过六个不同的工作，面对每一份工作，他都时刻要求自己“干就干到最好”。作为汽车司机的他创造出单车年产新纪录；作为团支部书记的他带领团支部荣获“红旗团支部”；作为矿党委宣传干事的他撰写了获得一等奖的党课教案；作为车间统计员的他获得矿业公司唯一的统计员资格证书。“不会就问，不懂就学”，不识ABC的郭明义，硬是自学进修一年，成为国家“七五”重点建设项目齐大山铁矿扩建工程中电动轮大型矿石转运车的现场组装英文翻译兼驾驶员，24小时为外方工程技术人员服务，面对比自身收入高六七倍的诱惑，他依旧坚守底线，为国家项目把好每一道关。采场公路管理员，原本是坐在办公室里打打电话，偶尔下现场考察监督一番的工作，被他干得“越来越辛苦、越来越基层”。天天和工友们泡在一起，哪怕夏天脸晒伤，哪怕冬天耳朵冻裂，15年里只要没有出差任务，他都风雨无阻提前2小时上班，这样的坚守让他的步行距离超过5次长征路，齐大山铁矿连年名列全国冶金矿山企业电铲、生产汽车效率第一名。

不计其数的荣誉，书写着他在每一个平凡岗位上不凡的业绩，勾勒出他简单的生活中不简单的创举。除了“干一行、爱一行、钻一行、精一行”，郭明义的英雄大义还洒落在祖国大地的角角落落。

从1990年开始，郭明义积极响应铁矿号召，年年义务献血，有时一年两次，从未间断。2005年，郭明义又开始捐献血小板，开始时从800毫升血浆中提取一个单位的血小板，后逐渐增加到从1600毫升中提取两个单位的血小板，每月捐献一次，累计无偿献血、捐献血小板折合总量超过6万毫升，并签字献出身后的眼角膜、遗体。了解到血库经常血源不足，他就号召齐大山铁矿的员工们积极参与，广泛宣传、点对点动员，甚至利用“搓澡”的机会给同事普及造血干细胞的知识。日复一日、年复一年，在他的坚持不懈下，2008 年鞍山市成立第一支“无偿献血志愿者服务队”并推选他为队长，大规模的献血活动开展了十余场，累计献血量 10 万多毫升。

郭明义的英雄主义不是顽强对抗命运的不公，也不是忍受酷刑宁死不屈，更不是战场中冒着炮火冲锋向前，他的英雄主义是随时代发展与时俱进的，也是始终将个人的发展和广大人民群众的根本利益紧密相连的，更是弘扬时代主旋律、塑造时代信仰的典范。

当他看到失学儿童渴望求知的眼神，当他见到工友孩子身患重病全家陷入绝望的处境，收入微薄的他不顾身边人的反对，顶着“郭傻子”的绰号出钱出力，想尽办法帮助这些有困难的群体。但是他全家依旧蜗居在 40 平方米的旧房子中，甚至让女儿觉得爸爸对自己的爱还不如对那些孤儿院中的孩子们多。

被误解、被拒绝，甚至面对无情的冷嘲热讽，郭明义依旧保持本色，一次次讲、一遍遍磨，不忘初心、不求回报、不畏艰难、不曾退缩。经过

20 多年的坚持，越来越多的人愿意成为和他一样“傻”的人，在他的带领下，鞍山市先后成立了“第一支无偿献血志愿者服务队”“第一支红十字志愿者服务队”“第一支红十字志愿者急救队”。

每个时代都有每个时代的精神，不论是将雷锋视作偶像的青葱士兵，还是时刻要求自己把每份工作都干到极致的铁矿工人，又或是被看成“异类”却“我行我素”的道德模范，郭明义自认平凡简单的举动却向我们诠释什么是崇高品德，什么是英雄本色，什么是时代大爱！在新的时代中，像郭明义一样甘于奉献、从不动摇的时代英雄就在我们身边，他们自认为只做了简单的、甚至微不足道的小事，但这恰恰正是更多人需要的。日复一日的累积，年复一年的坚守，新时代英雄们的微言大义让我们看到了“一个好人”的简单纯粹，让我们体会到“民族脊梁”的铮铮铁骨，更让我们感受到中华民族生生不息的强大力量！

让我们向他们致以崇高敬意，紧紧追随他们的脚步！

人物简介：

郭明义，1958年12月生，辽宁鞍山人，全国“五一劳动奖章”获得者，2010年感动中国人物，入选100名改革开放杰出贡献对象，现任中国共产党第十九届中央委员会候补委员，鞍钢集团矿业公司齐大山铁矿生产技术室采场公路管理业务主管，中华全国总工会副主席。

知识链接：

郭明义爱心团队正式成立于2009年7月，下设希望工程爱心联队、无偿献血志愿者应急服务大队、造血干细胞捐献志愿者大队、遗体（器官）捐献志愿者俱乐部、慈善义工大队、红十字志愿者急救队和红十字志愿者服务队七支大队。

目前，全国各地已有17个省市及自治区成立了郭明义爱心团队的大队、分队170余支，注册志愿者6万多名，参加活动的志愿者遍布全国。至今，郭明义爱心团队累计捐款200多万元，在新疆、重庆援建希望小学各1所，资助困难学生2900多名，无偿献血130多万毫升，捐献造血干细胞血液样本5000多例，800多人成为遗体（器官）捐献志愿者。

中华飞天第一人

——杨利伟

那一刻我们仰望星空，或许会感觉到他注视地球的眼睛。他承载着中华民族飞天的梦想，他象征着中国走向太空的成功。作为中华飞天第一人，作为中国航天人的杰出代表，他的名字注定要被历史铭记。成就这光彩人生的，是他训练中的坚韧执着，飞天时的从容镇定，成功后的理智平和。而这也正是几代中国航天人的精神，这精神开启了中国人的太空时代，还将成就我们民族更多更美好的梦想。

——《感动中国》颁奖词

2003 年金秋，他一飞冲天，中华民族千年飞天梦圆。他成为中国人心目中的英雄，国家授予他“航天英雄”荣誉称号。时至今日，他仍说他无法担当这样的褒奖，因为他是代表祖国和人民出征。但他也绝不后悔自己的选择，因为他一直都在努力仰望天空，天空也赋予他更广袤的人生。

他是航天员杨利伟，我国飞天第一人。

杨利伟出生在20世纪60年代，成长于70年代。那是一个崇拜英雄和理想的年代。他的家乡有个部队机场。一次，学校组织到部队慰问演出。杨利伟在表演了名叫《小小飞行员》的舞蹈后，被邀请去机场看飞机。在那里，他近距离地看见飞机起飞和降落，还看见飞行员们神气地排着队走过来。

从那以后，飞行员成为杨利伟脑海里挥之不去的英雄形象，空中掠过的飞机轰鸣声也有了别样的味道，机场成了他最常去的地方。

自从梦想成为飞行员后，杨利伟就一直在做准备——机场上飞行员们使用的所有训练器械，他早已应付自如。比如玩旋梯滚轮，别的同学上去不到几分钟就呕吐不停，他则没有一点不适。甚至，他还给自己制订了一个健身计划。

机遇虽说来得毫无预兆，但总是垂青有准备的人。

1983年6月，18岁的杨利伟通过层层选拔，成为一名飞行学员。1987年，他成为一名空军飞行员。和他一起拿到毕业证书的同年战友，不足当年的五分之一。

1992年9月21日，中国载人航天工程启动。4年后，航天员的选拔工作秘密展开，空军现役战斗机飞行员成为首选对象。接到参加航天员选拔的通知后，杨利伟毫不犹豫地报了名。

最终，他顺利地过了一关又一关，临床医学、航天生理功能指标、心理素质测试等都是优秀。

"成为航天员是我无上的光荣，为了负起神圣的使命，我将英勇无畏，不怕牺牲，甘愿为载人航天事业奋斗终身……"1998 年 1 月 5 日，杨利伟面对鲜艳的五星红旗庄严宣誓，正式成为中国航天员大队中的一员。与他一起宣誓的，还有来自全国各地的另外 13 名战友。

我国的航天员训练没有可借鉴的经验，理论学习、课目训练等都是从零摸索起步，所以在标准设置上都是从难从严，就高不就低，这让他们吃尽了苦头。

就在杨利伟和战友们没日没夜地训练时，我国相继发射了四艘无人神舟飞船。

2002 年秋，中央决定于次年实施首次载人航天飞行，发射神舟五号载人飞船。经专家组无记名投票，杨利伟与翟志刚、聂海胜一起入选"首飞梯队"。杨利伟全身心地投入了"强化训练"，大部分的时间，他都待在飞船模拟器中。发射前夕，杨利伟来到酒泉卫星发射中心，参加“人、船、箭、地”联合测试演练。此时，他对飞船的飞行程序和操作程序已是倒背如流。他说：“我一闭上眼睛，座舱里所有仪表、电门的位置都能想得清清楚楚。如果遇到特殊情况，我不看手册，也完全能处理好。”

2003 年 10 月 15 日 5 时 28 分，酒泉卫星发射中心，身着乳白色航天服的杨利伟出现在欢送人群的面前。

晨曦中，杨利伟向中国载人航天工程总指挥报告：“总指挥同志，我奉命执行首次载人飞行任务，准备完毕，待命出征，请指示。”

“出发！”载人航天工程指挥部总指挥郑重地下达命令，刚劲的话语中蕴含着期待与信任。

随着发射时间一秒一秒地逼近，人们的心弦都绷得紧紧的，“五分钟准备”“一分钟准备”。

“10、9、8、7……”零号指挥员的倒计时口令响彻发射场上空。

听到“ 4 ”的时候，杨利伟下意识地举起了戴着很大的航天服手套的右手，冲着摄像头方向庄严地敬了一个军礼。“这是飞行程序中没有安排的。”他说，“但在那个万众瞩目的神圣时刻，只有敬礼才能表达自己内心的感受”。

火箭加速上升的过程中，杨利伟刚开始感觉良好，但很快，他就遇到了麻烦——火箭开始急剧抖动，产生了共振。此前，他从来没有进行过这种训练。“难以承受的痛苦，感觉五脏六腑都要碎了。”杨利伟说，“有一刹那，以为自己要牺牲了”。那一刻，他并不害怕牺牲，他担心的是，如果牺牲了，他就无法完成接下来的任务，中国人的飞天梦想又将推迟实现。

幸运的是，这种共振状态持续了二三十秒钟后开始慢慢减轻，杨利伟终于从难受的状态中解脱了出来。

“火箭和飞船分离的那一刹那，真正意义上的太空失重的感觉出现了，无以言表，非常震撼。”杨利伟说。

这时，被牢牢束缚在座椅上的杨利伟，突然感觉自己身体飘起来了。“舱里所有用来系设备的带子都是飘起来的，就像潜水时看见晃动的水草一样。”他还注意到，飞船里面的灰尘也“噗”地一下全起来了。

束缚带解开，杨利伟想都没想，迫不及待地一下飘到舷窗那儿，贪婪地看着出现在眼前的太空和地球。“我所能看到的一切，充分表明了中国航天技术的成功。我认为我的心情一定要表达一下。”杨利伟说。于是，他拿出太空笔，在工作日志背面写道：“为了人类的和平与进步，中国人来到了太空。”

经历 21 小时 23 分钟的飞行后，杨利伟从天上归来，中华民族千年飞天梦圆。

载人航天是万人一杆枪的事业，杨利伟首飞的背后，浸透了几十年来几代航天人的心血。他们，都是航天英雄。他们身上体现出来的精神，就是对英雄主义最好的诠释，当前社会尤其需要发扬这种精神。

曾经，我们被国际空间站“拒之门外”。如今，中国空间站向全世界开放！经过二十多年的发展，中国载人航天工程已经成为助力大国外交、彰显大国地位的一张重要名片。

人物简介：

杨利伟，生于1965年6月21日，辽宁省葫芦岛市绥中县人，中国共产党党员，中国人民解放军少将军衔，特级航天员。他历任中国航天员科研训练中心副主任，载人航天工程航天员系统副总指挥。他是中国培养的第一代航天员，是中国进入太空的第一人。在中共十七大上当选为中央候补委员。杨利伟在原空军部队安全飞行1350小时之久。2003年10月15日，杨利伟乘由长征二号F火箭运载的神舟五号飞船首次进入太空，象征着中国太空事业向前迈进一大步，起到了里程碑的作用。2018年1月25日，他和其他11名航天员被中央宣传部授予航天员群体“时代楷模”荣誉称号。

知识链接：

中国航天史重要里程碑

★里程碑之一

1970年4月24日21时31分，中国“东方红”一号飞向太空。这是中国发射的第一颗人造卫星。

★里程碑之二

1987年8月，中国返回式卫星为法国搭载试验装置。这是中国打入世界航天市场的首次尝试。

★里程碑之三

2003年10月15日，神舟五号载人飞船升空；2005年10月12日，神舟六号搭载费俊龙、聂海胜两名航天员升空；2008年9月25日21点10分04秒988毫秒神舟七号搭载翟志刚、景海鹏、刘伯明三名航天员升空。

★里程碑之四

2007年10月24日18时05分，搭载着中国首颗探月卫星嫦娥一号的长征三号甲运载火箭在西昌卫星发射中心三号塔架点火成功发射。

★里程碑之五

2010年10月1日18时59分57秒，嫦娥一号卫星的姐妹星嫦娥二号，在西昌卫星发射中心发射升空，并获得了圆满成功。此次发射的目的主要是为实现下一步的月球软着陆进行部分关键技术试验，并对嫦娥三号着陆区进行高精度成像。

在太空书写忠诚

——景海鹏

太空飞行的过程中，身体虽会失重，但人的心灵是不会失重的。在太空中，模糊的东西会变得清晰，比如祖国，比如信念。

“10、9、8、7、6、5、4、3、2、1 发射！”随着零号指挥员一声令下，神舟十一号载人飞船伴随着绚丽的尾焰徐徐升起，刹那间飞上浩渺无垠的太空……212 秒后，火箭整流罩与飞船分离。这时，景海鹏让初次上天的陈冬往外看，并问他：“爽不爽？”窗外，太空的景色一片湛蓝，令人心醉，陈冬小声说：“漂亮。”景海鹏又大声问：“我问你爽不爽？”陈冬也大声回答：“爽！”当天，这段激情的对话刷爆了朋友圈。而这个“爽”字，生动地表达了景海鹏为祖国巡天圆梦这一路以来的欣慰和激动。

1966 年 10 月 24 日，景海鹏出生在山西省运城市东杨家卓村。他从小喜欢体育，尤其喜欢打篮球。因为个子不高，老师说他不能当主力，但景海鹏是个不服输的人，找一切机会上场。结果，这个开始时坐冷板凳的小伙子，无论在中学，还是之后在部队，他都是篮球主力队员。直到现在，他仍然是航天员中篮球项目的“钢铁前锋”。也许正是这种不服输的精神，推动他一次次在为祖国巡天圆梦的道路上超越自己。

景海鹏最初的梦想，源自他上高中时无意中看到的一张报纸。报纸上有张醒目的照片，一名神采奕奕的飞行员精神抖擞地站在战斗机旁。他还记得那名飞行员叫张海鹏。那幅画瞬间印入他的脑海，并在他的心底燃起当飞行员的梦想。而在得知航天员选拔的消息后，已经当了 13 年飞行员的他，又开始憧憬“力争成为一名航天员”。

1998 年 1 月，景海鹏如愿成为中国首批航天员。从那时候起，飞天便成为他的梦想。进入北京航天城时，景海鹏已经 31 岁了，不仅要在 5 年内学完物理学、天文学、载人航天技术等 30 多门学科课程，还要进行 8 大类上百个科目的专业技能训练。

这期间，他把每天中午的休息时间也用于看书学习，晚上 12 点前几乎没有休息过。他舍弃了许多爱好，几乎没有参加过任何聚会，没有陪父母过一个春节，也没陪妻子逛过街。正是这艰辛的磨砺和严格的锤炼，让他一步步完成了从飞行员向航天员的蜕变。

2008年9月，景海鹏在与战友执行神舟七号载人飞行任务时连续出现两个意外情况。一个是乘组在按预定计划开启舱门时，却丝毫没有反应。而此时，飞船即将飞出测控区，必须尽快打开舱门，在下一个测控区完成出舱活动。景海鹏他们用辅助工具撬了两次，刚打开一点缝隙，强大的压强又把舱门紧紧吸上了。这时，他们拼尽全力，用力一拉，终于打开了连接浩瀚太空的舱门！航天员还没来得及喘口气，第二个意外情况又出现了，舱里突然传来报警提示，语音不断重复："轨道舱火灾！轨道舱火灾！"如果真的发生火灾，乘组就回不去了！景海鹏沉着冷静地作出判断——应该是飞船的误报警。乘组果断调整步骤，冒着风险完成了太空行走，让鲜红的五星红旗飘扬在浩瀚太空。

感动中国十大人物颁奖晚会上，主持人敬一丹直率地问景海鹏："你们执行载人航天飞行任务时，有没有想过可能回不来？"景海鹏代表战友们铿锵有力地回答："对于我们航天员来讲，使命重于生命。即使我们回不来，也要让五星红旗在太空高高飘扬！"

"2008年我的飞天梦想实现后，我就把新目标瞄上了神舟九号飞行任务。梦想又一次实现后，很多人问，你还训练吗？我就笑说，不训练我干啥。”景海鹏说，“因为我的下一个梦想又萌生了，那就是备战神舟十一号飞行任务”。

2012年神舟九号任务结束后，4年的时光在景海鹏从未间断的勤学苦练中匆匆而过，2016年神舟十一号任务进入人们的视野时，即将50岁的他赫然在列。过硬的素质、丰富的经验、完美的成绩，让景海鹏在大家敬佩而服气的目光中，顺利入选飞行乘组。

此次任务中，每天的计划都是满满当当的。太空养蚕、种植生菜……乘组几乎每天都要工作到晚上11点，有时甚至要到凌晨一两点。由于工作量大，吃饭时间总是一推再推。地面上的领导和专家看到后，提议压缩工作量以保证航天员的营养和休息，但景海鹏和陈冬却说："上一次太空不容易，试验任务再多我们也要把它完成好，我们不是上来睡觉的！"

就这样，他们加班加点，做完了所有实验。这次任务一共进行了38项科学试（实）验，他们严格按要求及注意事项一步一动，力争做到最好，如果数据不理想，都会重做一遍。每当地面上的工作人员看到他们疲惫而兴奋地展示实验过程、汇报实验结果，心疼的同时，更是由衷地为他们感到骄傲。

景海鹏曾表示，作为航天员，时刻保持最佳状态是职责。“宁可备而不用，不能用而不备。只要发令枪一响，我可以立刻冲刺。”星空浩瀚无垠，探索永无止境。我国的空间站即将建成运营，那将是中国人在太空的美丽家园。景海鹏和战友们现在已经又一次投入紧张的空间站试验阶段的训练当中。景海鹏坚定地表示：时刻准备再上一次太空、再当一回先锋、再打一场胜仗，努力为建设航天强国和世界科技强国奋斗终生！

2017 年 4 月，景海鹏在他博士就读的西安交通大学作题为“勇敢的站出来，让祖国挑选”的报告时说，“生命只有一次，可能每个人都怕死，但有些事情值得我们付出生命，用生命做代价去置换。作为航天员，当我们面对五星红旗宣誓的那一刻，就是选择了要把自己的一切奉献给这项事业”。一代代航天人，将自己的梦想融入“中国梦”中实现自己的价值，在太空中书写忠诚。在祖国日益繁荣昌盛的今天，祖国在召唤我们，时代在召唤我们。我们需要向英雄学习，做勇于担当、敢于承担的人，做执着、勤奋的人，勇敢站出来，让祖国挑选，为祖国美好的明天添砖加瓦！

人物简介：

景海鹏，生于1966年10月24日，山西运城人。1985年6月入伍，1987年9月入党，现为中国人民解放军航天员大队特级航天员，少将军衔，2018年博士毕业于西安交通大学。曾任空军某师某团司令部领航主任，安全飞行1200小时，被评为空军一级飞行员。2008年9月，景海鹏执行神舟七号载人飞行任务，获得圆满成功，获得“英雄航天员”称号。2012年6月，圆满完成神舟九号飞行任务。2016年10月17日至2016年11月18日期间执行神舟十一号飞行任务，任指令长，获得圆满成功；12月26日，中共中央、国务院、中央军委给景海鹏颁发“一级航天功勋奖章”。2017年7月，被授予“八一勋章”。2018年1月25日，同其他11名航天员被中央宣传部授予航天员群体“时代楷模”荣誉称号。2018年12月18日，党中央、国务院授予景海鹏同志“改革先锋”称号，并获评三巡苍穹的英雄航天员。

知识链接：

八一勋章，是经全国人大批准授予中国人民解放军在中国工农红军时期（1927年8月1日–1937年7月6日）参与战斗有功人员的勋章。1955年

2月12日设立，1955年9月27日首次颁发。

2017年6月，经中央军委主席习近平批准，我军新设立“八一勋章”。新设立的“八一勋章”，是由中央军委决定、中央军委主席签发证书并颁授的军队最高荣誉，授予在维护国家主权、安全、发展利益，推进国防和军队现代化建设中建立卓越功勋的军队人员。“八一勋章”一般每五年授予一次。7月28日，中央军委主席习近平签署命令，授予景海鹏等10位同志“八一勋章”。

生死营救的潜水员

——官东

塑造新一代革命军人好样子。

英雄，是一个国家光辉历史的记忆，是一个民族坚强不屈的脊梁，也是时代发展的先锋力量，每个时代都会产生英雄。战争年代，英雄是战场上的勇士，他们浴血奋战、精忠报国；而和平年代，同样有数不清的英雄，正是有了他们的负重前行，才有了人民群众的静好岁月。

2015 年 6 月 1 日，“东方之星”号客轮在长江中游湖北监利水域翻沉，官东主动申请加入海军工程大学抢险救援分队。抵达救援现场后，面对恶劣的救援环境，官东不顾个人安危，先后救出两名被困者，彰显了中国军人的担当与奉献。

官东出生在一个普通的工人家庭。父亲官昌元一辈子从事环卫事业，起早贪黑，母亲陈景芳一直经营客运班车，早出晚归。尽管工作辛苦，但父母几十年如一日的言传身教，使得官东从小便养成了不轻易言弃，勇于担当，做事善始善终的品格。

虽然家境贫寒，但父亲十分注重孩子教育。自家客厅悬挂了 20 年的书法作品上“承家多旧德，继代有清风”正是家训的真实写照。官东从小就被教育，立人以德为先，做人要有道德，要本本分分、清清白白，要做一个对国家有用的人。官家父辈兄弟姐妹共七个，长辈之间互帮互助、诚信友爱、尊老孝老的举动也在官东心灵深处早早播下了爱的种子。

官东的大伯父、二伯父、大姑父和表姐夫都是军人，他们的经历对官东影响很大。受此传承，官东幼时就呈现出独立坚毅的品格，遇难不轻言放弃，遇事会理性思考，日益成长为一个勇于担当的小伙子。

2008 年，官东入伍，当时他还是一个根本不会游泳的“旱鸭子”，却被挑选成为一名潜水兵。面对暗流涌动的江水，如果不具备过硬本领，在恶劣环境下开展救援，连自身的安全都无法保证，更别说执行任务了。为了攻克体能、技能、心理三大难关，官东需要挑战生理和心理的极限。那时他憋着一股劲，别人游 1 个小时，他就游 2 个小时甚至 3 个小时，利用休息时间加班加点地练。他每周至少进行 4 次潜水训练，不间断加压锻炼，经常参加最低35米的深水训练和各类突发事件的演练，积极主动执行抢险摸排、打捞等紧急任务。正是凭借着平时训练的日积月累和重大任务的千锤百炼，官东具备了扎实的潜水技能和丰富的潜水经验，成长为一名合格的潜水员。这也为搜救工作中他面临生死考验毫不退缩奠定了基础。

2012年1月，官东调入海军工程大学潜水分队。这是曾受到中央军委表彰的抗洪抢险英雄潜水分队，多年来走过了数不清的英雄征程。面对1998年的特大洪水，潜水分队听从上级命令，紧急出动，先后转战五个城市，连续60多天奋战在抗洪救灾前线，排除重大险情93起，演绎了潜水员的绝对忠诚。这个有着英雄基因的团队，对官东英雄情怀的养成产生了潜移默化的影响。

在“东方之星”号客轮翻沉事件救援行动中，官东与他的战友们与时间、与生命赛跑，坚持战斗在救援一线，接续搜救，昼夜奋战，秉承着“决不灰心，决不放弃”的信念，成为老百姓的依靠。在搜救工作进行时，官东第一个跳入水中，面对水流湍急、能见度极低的双重考验，官东首先在船舱内发现朱红美老人，他一边耐心安抚老人的情绪，一边帮她穿戴好装具，最终成功将其救出，这是第一位被成功救出的生还者。

2个小时后，官东再次下水，在机舱部位找到了船员陈书涵。面对体力严重透支、陷入绝望的陈书涵，官东竭尽所能地开导鼓励，毫不犹豫地将自己的装备给了陈书涵，自己冒着生命危险仅靠轻潜装具支撑。撤退时，他身上的信号绳被缠住，危急之下，官东割断信号绳，与水面彻底失联。

官东在黑漆漆的舱内摸索近 20 分钟，终于找到出舱口，怎料，一个暗流瞬间将他卷入深水区，而此时，装具里的氧气即将耗尽，官东果断丢掉所有装具，憋着一口气猛地往上游。由于上升速度过快，刚出水的官东双眼通红、鼻孔流血，但他无怨无悔，在他看来，这是军人应有的担当。官东不顾个人安危的救援行动也受到了李克强总理的高度称赞。

面对大家的赞许，官东表示，虽然时代在发展，社会在进步，但是，危难面前，听党指挥，争下头水，争立头功，早已成为潜水分队延续多年的光荣传统。从“抗洪抢险英雄潜水分队”到“衡阳抢险英雄群体”，从“东方之星”救援到 2017 年 9 月英雄学员颜清救人，海军工程大学英雄辈出。几十年来，无形的精神接力棒在一茬茬官兵手中传递，这是源于红色基因的赓续相传、生生不息，源于部队与人民群众的鱼水情深。在人民群众遇到危险的时候，军人就应该面对任务敢于担当，面对危险毫不畏惧，关键时刻上得去，危难关头豁得出。

新时代，在强军兴军的征程上，需要全体军人不忘初心，矢志拼搏、苦练本领，敢于担当、勇于创新，而官东用生死营救的英雄壮举彰显了“有灵魂、有本事、有血性、有品德”的新一代革命军人的光辉形象。

人物简介：

官东，生于 1990 年，安徽宣城人，2011 年加入中国共产党。毕业于海军大连舰艇学院，海军工程大学动力工程学院某中心助理教员。因在“东方之星”救援过程中舍生忘死，一连救出两名幸存者，被海军工程大学记一等功，被授予“全国敬业奉献模范”称号，并当选“感动中国”2015 年度人物和第七届世界军人运动会志愿者形象大使。

知识链接：

2015 年 6 月 1 日 21 时 30 分许，重庆东方轮船公司所属旅游客船“东方之星”在由南京驶往重庆的途中，突遇龙卷风，顷刻翻沉，狂风暴雨，巨浪滔滔，456 名旅客和船员陷入绝境。在党中央坚强领导下，在国务院工作组直接指挥下，湖北、湖南、重庆等地党委和政府，中央有关部门统一行动，人民解放军、武警部队及海事部门迅速调集力量，一场举国动员的搜救行动迅速展开。

接报后，中共中央总书记、国家主席、中央军委主席习近平立即作出重要指示，要求国务院立即派工作组赶赴现场指导搜救工作，湖北省、重庆市及有关方面组织足够力量全力开展搜救，并妥善做好相关善后工作。

中共中央政治局常委、国务院总理李克强急飞事件现场，指挥救援和应急处置工作。

第一时间，各方救援力量迅速集结。

交通运输部6月2日凌晨启动一级应急响应，连夜召开应急领导小组第一次会议，迅速成立应急处置领导小组，作出工作部署；

公安部紧急调集治安、消防、交警等警种，协调各方力量立即行动；

国家卫计委立即组织事件周边地区卫生救援力量，紧急驰援；

水利部、气象局、安监总局、民政部、旅游局、保监会等部门纷纷实施相关应急处置工作；

海军三大舰队和海军工程大学、广州军区派出200余名潜水员紧急赶赴现场，下潜到一个又一个舱室，连续作战，通宵达旦；

武警湖北总队抽调武汉、荆州、荆门、宜昌支队共1000多名官兵、40艘冲锋舟，赶赴现场展开搜救和外围警戒等任务；

湖北省启动水上搜救一级应急响应。长江海事局和事发地及附近下游党委政府组织力量沿江搜救；

湖南岳阳市仅6月4日一天就出动搜救船只400多条，救护车20台，冲锋舟11艘，参与搜救人员达2000多人；

上海、江苏、重庆、浙江、福建、山东、天津等地陆续派出工作组，赶到现场，协助救援和处理善后。

调集一切可以动员的力量，采取一切可以采取的措施，不惜一切代价，全力救人。此次事件更是彰显了一方有难，八方支援的精神。

调集最先进的搜救船舶、切割机、供氧设备，抽调专家和潜水员等专业人员，集中国家最强的搜救力量。

沿岸、航道、公路、飞机都为搜救力量开绿灯，确保畅通无阻，建立起水、陆、空综合搜救大平台，为搜救创造一切条件。

北京、武汉、长沙……130多名重症救治、呼吸科、心血管、急救等方面的医疗专家和心理干预专家，迅速赶往事件现场，组成10个专家组配合地方医院开展救援。

中航工业、中国石化、中国移动、中国联通等央企，全力提供通信、燃油、饮水、直升机等保障。

为降低救援现场的水位，长江防办从6月2日开始，三次进行调度，将三峡水库的下泄流量从每秒17200立方米减少至每秒7000立方米。

经各方全力搜救，事发时船上454人中12人生还，442具遇难者遗体全部找到。

立志高远的排雷英雄

——杜富国

“你退后，让我来！”六个字铁骨铮铮，以血肉挡住危险，哪怕自己坠入深渊，无法还给妈妈一个拥抱，无法再见妻子明媚的笑脸，战友们拉着手趟过雷场，你听，那嘹亮的军歌是对英雄的礼赞。

——《感动中国》颁奖词

27 岁，人生中最好的年华，杜富国却把青春的热血，洒在了边疆雷场。

杜富国，1991 年 11 月出生，一位标准的 90 后。2010 年 12 月入伍。2015 年 6 月开始参加边境扫雷行动，先后进出雷场 1000 余次，累计排除爆炸物 2400 余枚，处置各类险情 20 余起。

杜富国出生于一个普通的农村家庭，家中共有四兄妹，他排行老大。四兄妹中，有两名现役军人。其中，最小的弟弟 2017 年应征入伍，截至

2018 年 10 月，驻扎在西部战区的高原地区。杜富国是一个普通家庭培养出来的普通孩子，却在部队这个大熔炉中成长为一名合格的军人，一名被评为“时代楷模”的英雄。

英雄不是与生俱来的，而是百炼成钢。由于文化程度不高，杜富国在入伍后全队第一次专业理论考试中垫底。但他坚信，挑重担需有硬肩膀，上雷场更要真本事。他和自己较起劲来，每天除了训练就是学习。终于功夫不负有心人，他的理论成绩从开始的 32 分，到最后常常满分，成为队里的第一。而他也凭借着优异的理论成绩和过硬的军事技能，成为队里的标兵。从垫底到标兵，他就是现实生活中的许三多。

2018 年 10 月 11 日，一个普通的下午，杜富国和战友们按计划进入雷场进行扫雷作业。作业过程中，组长杜富国发现一枚露出部分弹体的手榴弹。经他初步判断，那是一颗危险性极高的加重手榴弹，下面极有可能还埋着一个雷窝。

杜富国马上将情况向分队长报告。接到队长下一步作业的指示后，他意识到这次任务的危险，于是用命令的语气对同组战友艾岩说：“你退后，让我来！”艾岩往后退了几步。与此同时，杜富国小心翼翼地开始自己的工作。可是正当杜富国按照作业流程，目不转睛地清除弹体周围的浮土时，突然“轰”地一声巨响，手榴弹爆炸了，他没来得及思考，就下意识地扑向距离最近的艾岩。

飞来的弹片伴随着强烈的冲击波，杜富国的防爆头盔被炸飞了，防护服也被炸成了棉花状，没有了头盔和防护服，他自己更是被炸成了一个血人……而正是因为那一瞬间杜富国舍己救人的一扑，几米外的艾岩仅受了皮外伤。

战友们闻声赶来，哭喊着扑上去，对已经昏迷的杜富国展开急救，可条件有限，杜富国伤得太重，做了基本的急救措施后，杜富国被迅速送往解放军第926医院。经过长时间的全力抢救，杜富国的生命得以保全，但从此失去了双手和双眼……“如果不是坚强的意志、强健的体魄，他可能熬不过这一关。”一位医疗专家对杜富国竖起了大拇指。

当代社会是和平年代，没有战争的喧嚣，却依然能看见英雄的身影。2001年，中美撞机事件中，空军飞行员王伟在“例行任务”中牺牲，他是在同美国这个强敌对抗中殉职的中国军人；2018年，刚毕业一年，分到特战中队的王成龙同志，随队参加“魔鬼周”极限训练时，面对失控的地方车辆，生死瞬间，他舍身救战友，被撞成重伤，经抢救无效壮烈牺牲；2019年，四川省凉山州木里县境内发生森林火灾，27名消防队员和4名地方扑火人员不幸牺牲，清明期间，各地群众以自己的方式悼念英雄。习近平总书记曾说过“一个有希望的民族不能没有英雄，一个有前途的国家不能没有先锋”。在和平年代，一样需要英雄人物，英雄精神一直指引着党员和群众前进的方向，只有不断弘扬英雄精神，学习英雄事迹，才会有越来越多的人成为各行各业的英雄和楷模。

杜富国就是和平年代英雄的典型，他的意志是钢的、是坚强的，他把热血洒在了那一片平静的土地上，他和所有军人一样，把青春奉献给一生执着的信仰！

什么是英雄的模样？杜富国用行动给了我们答案。曾有人问杜富国：“你后悔去扫雷吗？”杜富国摇摇头，答道：“如果再有一次机会，我还会选择雷场！”

“英雄者，国之干。”几个月来，杜富国排雷负伤前对战友说的那句“你退后，让我来”，和他的名字一起，刻印在了中越边境扫雷战场，刻印在了猎猎飘扬的八一军旗下，也刻印在了“感动中国”的丰碑和亿万国人的心中。

哪里有什么岁月静好，不过是有人替你负重前行。

人物简介：

杜富国，1991 年 11 月生，贵州省湄潭县兴隆镇太平村人，2010 年参军入伍，南部战区陆军云南扫雷大队中士。

2018 年 10 月 11 日下午，在边境扫雷行动中面对复杂雷场中的不明爆炸物，对战友喊出“你退后，让我来”，在进一步查明情况时突遇爆炸，英勇负伤，失去双手和双眼，同组战友安然无恙。

2018 年 11 月 18 日，杜富国被授予一等功 1 次。2019 年 2 月 18 日，获得“感动中国 2018 年度人物”荣誉。5 月 22 日，中宣部授予杜富国“时代楷模”称号。7 月，中央军委主席习近平签署命令，授予陆军杜富国“排雷英雄战士”荣誉称号。

知识链接：

地雷埋在地下 50 年后仍具有杀伤力。正是由于这个原因，全球各国都在努力清除地雷。要清除地雷，首先必须确定的是地雷的埋藏位置，这些地雷被埋在全球几十个国家内，数量达百万之多。要找到这些地雷难度非常大，因为多数雷区都是没有标记的。即使有标记，清除地雷也需要数年时间。

探雷是一个讲究方法、速度缓慢的过程，因为确定地雷位置时有危险。虽然定位技术在不断进步，但以下几种传统的技术还是很常用的。

地面戳探：多年来，定位地雷最常用的技术是用棍子或刺刀戳探地面。训练有素的士兵用刺刀轻轻刺探地面。

经过训练的军犬：人类可将犬类训练后嗅查气味，这种气味来自地雷内部成分。

金属探测器：金属探测器在发现地雷方面能力有限，因为许多地雷外壳都是由塑料制成的。